AF382739

IMPRESSUM

Auflage II: 01.04.2024
Herstellung und Verlag: BoD – Books on Demand, Norderstedt
ISBN: 9 783758 312915

Autor u. Fotos:
Dr. med. Thomas Schmidt, Bocholt, 2022

Buch-Layout, Satz u. Druckdaten:
Klaus Berghorn, www.AaWerbung.de

Oviedo - A Fonsagrada - Santiago

Auf dem Camino Primitivo durch Asturien und Galicien

...aber was heißt hier schon 'Primitiv'!?

2021 / 2022

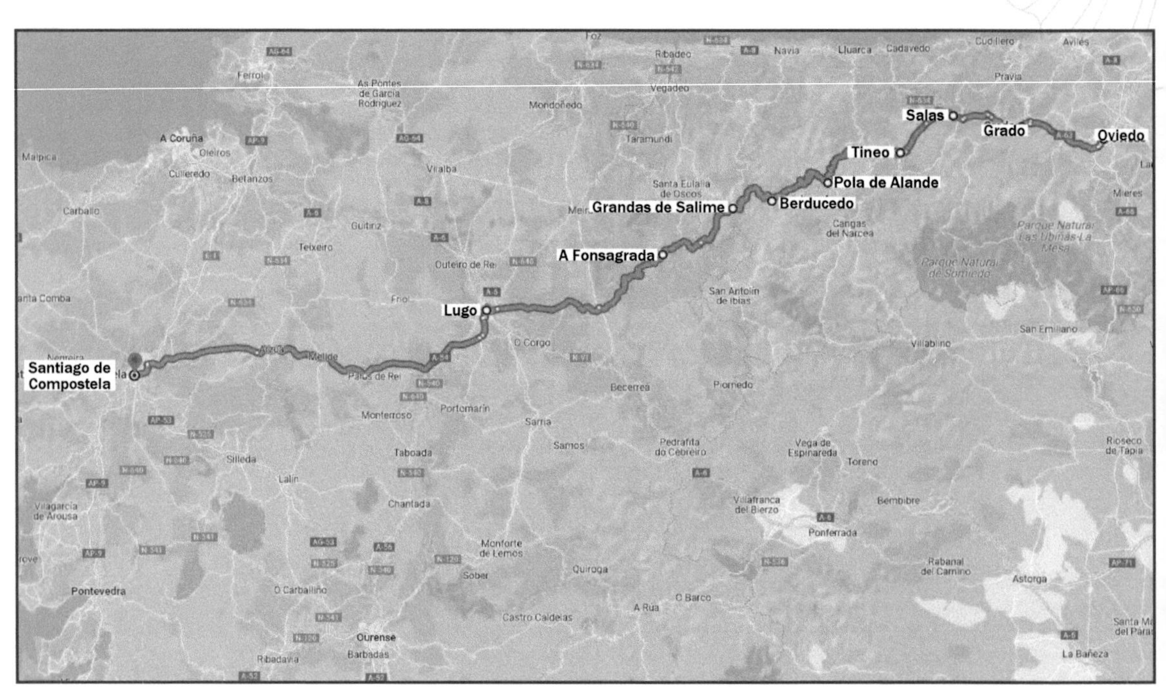

Quelle: GoogleMaps

GEHEN IST DES MENSCHEN BESTE MEDIZIN

- HIPPOKRATES -

INHALTSVERZEICHNIS TEIL 1

* 19 km Laufen / 20 km Taxifahrt

INHALTSVERZEICHNIS TEIL 2

Prolog

Donnerstagabend ist Fußballabend. Nicht immer, aber immer dann, wenn ich es schaffe, meine Kundschaft rechtzeitig zufrieden zu stellen, um bis kurz vor sieben Uhr die Sporthalle des Euregio - Gymnasiums zu erreichen. Zuweilen kommt ein längeres Gespräch dazwischen, manchmal sind es die noch abzuarbeitenden telefonischen Rückrufe oder eine Virusepidemie. Dann wird es knapp. Schaffe ich es, so fühlt es sich ein wenig wie der vorweggenommene Beginn des Wochenendes an. Schweißtreibendes kollektives Auspowern Gleichgesinnter mit Ball. Ohne Ball – etwa beim Joggen – habe ich nicht selten das Empfinden, mich aus der Komfortzone herauswinden zu müssen. Mit Ball ist es einfacher. Leidenschaft. Die Erkenntnis, dass die Ratio den Gefühlen untergeordnet ist, kommt nicht von ungefähr. Der schottische Philosoph David Hume formulierte bereits im 18. Jahrhundert provokant: „Die Vernunft ist und bleibt der Sklave der Leidenschaften."

Was aber hat das Ganze mit dem Jakobsweg und speziell mit dem Camino Primitivo zu tun?

Die Auflösung führt zu Oberstudienrat Frederik Ebbert, genannt Freddy, Lehrer für Pädagogik, katholische Religion und Sport. Beim kommunikativen Auffüllen des Flüssigkeitshaushaltes nach dem Match in den geheiligten Räumlichkeiten des Lehrerzimmers fragte mich Freddy vor einem Jahr nach dem Jakobsweg. „Welchen meinst du?", fragte ich zurück. „Ja, den Weg, den du immer läufst", antwortete er. Ich erklärte ihm, dass es viele Wege gibt und brachte ihm beim nächsten Mal eines meiner Bücher mit. Dann wollte er noch eines und danach ein weiteres. Schließlich fragte er mich: „Wann nimmst du mich mit?" „Im nächsten Jahr", antwortete ich spontan, obwohl noch gar nicht klar war, welche Corona-Regeln zu beachten waren.

Unbedacht war es auch im Hinblick auf ein anderes Problem. Längst war klar, dass ich mit meiner Partnerin Kerstin im Juli den portugiesischen Küstenweg von Vigo aus vollenden würde. Wo sollte ich jetzt noch Freddy hinquetschen? Und welcher spanische Jakobsweg kam überhaupt infrage?

Für den ersten Teil der Via de la Plata von Sevilla bis etwa Zafra wäre es im

Sommer zu heiß gewesen. Eine ernsthafte Option wäre die Fortsetzung des Camino del Norte von Bilbao aus gewesen, den ich 2018 von seinem Ursprung in Hondaribia an der französischen Grenze bis in die Capitale des Baskenlandes gelaufen bin. Nach reiflichen Überlegungen kam mir der Camino Primitivo in den Sinn, wobei „primitivo" in diesem Fall nichts mit einem Rotwein zu tun hat und nicht etwa mit „einfach" oder „primitiv" übersetzt werden darf, sondern mit „ursprünglich". Ja, der ursprüngliche Weg sollte es werden. Er stand schon länger auf meiner Agenda, von den physischen Belastungen her alles andere als einfach, sondern sicherlich die größte Herausforderung aller Jakobswege in Spanien. „Der Camino Primitivo gilt als der anspruchsvollste aller Jakobswege. Viele Höhenmeter und ein ständiges Auf und Ab begleiten den Pilger auf dem Weg von Oviedo bis nach Santiago. Daher zählt der Weg auch zu den Einsamsten und ist nicht so stark frequentiert. Eine gewisse Kondition und Ausdauer sollte vorhanden sein, um den Camino Primitivo ohne große Beschwerden zu laufen. Wer die Mühen auf sich nimmt, wird mit atemberaubenden Panoramablicken von den Bergen aus belohnt. Die ideale Jahreszeit ist der Sommer, bereits im Herbst und auch noch im Frühjahr kann der Weg durch Schneefall unpassierbar sein", so heißt es in einer Übersicht über die unterschiedlichen Jakobswege in Spanien.

Camino Primitivo, ich bin mir jetzt sicher, diesen Weg werde ich mit Freddy laufen. Die Herausforderung nehme ich an. Was soll mir schon passieren? Zur Not muss mich der durchtrainierte Sportlehrer auf die Schultern nehmen und über die Berge Asturiens schleppen. Nach allem, was ich gelesen habe, kommen klimatisch bedingt mit Freddy nur die Sommerferien in Frage. Auch im Sommer sind die Temperaturen in Asturien aufgrund der Höhe von über 1000 Metern im Schnitt nur 23 Grad Celsius. Im Herbst kann es schon und im Frühjahr noch schneien. Das heißt für mich: Camino Portugues am Anfang der Ferien im Juli und Camino Primitivo am Ende der Ferien im August. Unverzüglich stürze ich mich in die Vorbereitungen.

Freddy bekommt den gelben Reiseführer von Raymund Joos, ich nehme den roten von Cordula Rabe. Sie unterscheiden sich im Wesentlichen dadurch, dass Joos den Weg sehr genau beschreibt und Cordula Rabe mehr geschichtliche Hintergründe aufzeigt. Wir haben acht Tage Zeit für unsere Pilgerreise. Der Camino Primitivo verläuft von Oviedo aus etwa zur Hälfte durch Asturien und zur anderen Hälfte durch Galicien. Am Ende mündet er in den Camino Francés. Die Länge beträgt ca. 320 km. Wenn alles gut geht, schaffen wir es bis nach A Fonsagrada, dem ersten Ort in der Provinz Galicien. Was die einzelnen Etappen angeht, habe ich schnell eine Vorstellung, wie wir sie aufteilen. Da nur fünf Prozent der Pilger, die in Santiago ankommen, den Camino Primitivo wählen, sollte es zumindest mit Unterkünften kein Problem geben. Bleibt noch die An- und Abreise.

Ich spiele verschiedene Möglichkeiten durch: Von Düsseldorf oder Frankfurt nach Madrid und von dort Anschlussflug nach Asturias, dem Flughafen der Provinz, ca. 35 km von Oviedo entfernt. Oder Flug nach Santiago und von dort mit dem Bus nach Oviedo. Beides sehr umständlich und mit vielen Zeitverzögerungen verbunden. Schließlich bietet sich noch eine dritte Option an: Flug von Düsseldorf nach Bilbao und von dort aus ca. 400 km mit dem Bus nach Oviedo. Abflugzeiten und Anschlüsse sind passend. Der Zwangsaufenthalt in Bilbao bedeutet keine Last, sondern die Chance, Freddy eine zweistündige Stadtbesichtigung zu ermöglichen. Für den Rückflug plane ich Santiago ein.

Mit der Buchung des Busses von Bilbao nach Oviedo habe ich ein bisschen zu lange gewartet. Die Direktverbindungen sind ausverkauft. Wir werden daher in Santander umsteigen müssen und etwa gegen 23 Uhr in Oviedo ankommen, wenn alles planmäßig verläuft.

Ach ja, da war doch noch etwas! Corona, die Kapriziöse, schickte sich an, ein Wörtchen mitreden zu wollen. Kurz bevor die Reise losgehen soll, wird Spanien zum Hochrisikogebiet ernannt. Die nächste Steigerung träte ein, wenn das Land zum Virusvariantengebiet erklärt würde. Das hätte zur Folge, dass wir nach unserer Rückkehr nach Deutschland in Quarantäne müssten. Freddy hätte sicherlich Probleme, es seinem Direktor zu erklären, mich würde es erneut in ein organisatorisches Chaos in der Praxis stürzen, nachdem ich bereits im Februar drei Wochen wegen einer Corona-Infektion in Isolation verbringen musste.

No risk, no fun. Wir wählen das Risiko.

„Eines Tages wirst du aufwachen und keine Zeit haben für die Dinge, die du tun wolltest. Tu sie jetzt".

- Paulo Coelho -

Sidraspektakel

Bocholt - Bilbao - Oviedo

Freddy organisiert den Transport zum Flughafen. Pünktlich um 9.00 Uhr steht er mit seinem Schwiegervater vor unserer Haustür. Das Einchecken am Airport Düsseldorf verläuft reibungslos. Schnell befinden wir uns in der Abflughalle, in der wir Zeugen eines interessanten Schauspiels werden.

Wie so häufig ist die vor uns startende Maschine von der Fluggesellschaft überbucht worden, in diesem Fall von Eurowings. Die Passagiere befinden sich bereits an Bord des Flugzeuges und warten auf den Abflug nach Stockholm. Bis auf drei junge Männer, die noch in der Halle stehen und mit ihren Tickets in der Hand davon ausgehen, in den Flieger steigen zu können. Das Problem ist: Es gibt nur noch zwei freie Plätze, es sei denn ... - ja, es sei denn, ein Mann, der bereits im Flieger sitzt, würde einen seiner beiden gebuchten Plätze abgeben. Dazu ist dieser auch bereit, allerdings nur gegen den mehrfachen Betrag dessen, was ihn das Ticket gekostet hat. Wie soll man ihn nennen? Gewiefter Geschäftsmann oder Egomane? Dazu darf sich jeder der Anwesenden seine eigene Meinung bilden. Eurowings jedenfalls lässt sich nicht darauf ein, sodass einem der drei Männer nichts anderes übrig bleibt, als einen Zwischenstopp in München in Kauf zu nehmen und erst zu später Stunde in Stockholm anzukommen.

Die Abfertigung bei der Ankunft in Bilbao vollzieht sich rasch, sodass wir noch so gerade den abfahrbereiten Bus in die City erreichen. Nachdem wir über die Ponte Zubizuri den Fluss Nervión überquert haben, verlassen wir den Bus, um die Stadt zu Fuß zu erkunden. Von hieraus ist es entlang der Nervión-Promenade nicht weit zu dem imposanten Guggenheimkomplex, dem Wahrzeichen von Bilbao. Mit der Fertigstellung des Museums aus Titan, Sandstein und Glas 1997 hat der amerikanische Architekt Frank Gehry der Stadt ein neues Image verpasst. Der Blumenhund Puppy hinter dem Museum und die drahtige Spinne Mamón, vorne am Fluss, komplettieren das Kunstwerk. Eigentlich könnten wir jetzt nach Hause gehen. Schließlich haben wir das Herz von Bilbao kennengelernt. Präziser gesagt: Das neue Herz. Durch die Herztransplantation hat Bilbao die Wandlung von der tristen Industriemetropole zur modernen, kunstorientierten Stadt geschafft. Ein neuer Begriff wurde kreiert. Die Rede ist vom sogenannten Bilbao-Effekt, wenn es um die Aufwertung von Städten durch bauliche Veränderungen geht. Wir denken nicht daran nach Hause zu gehen. Schließlich wollen wir auch noch das alte Herz von Bilbao kennenlernen. Wenn man es also genau nimmt, handelte es sich mit der Erbauung des Guggenheimkomplexes nicht um eine Herztransplantation durch Austausch der Herzen, sondern man hat dem alten ein neues hinzugefügt. Verkehrsberuhigt liegt das „Casco Viejo" auf der anderen Seite des Nervión, auch bekannt unter dem Namen „Las Siete Calles", - Die sieben Straßen -. Mit seinen verschiedenen Baustilen und den vielen traditionellen Geschäften sowie der Kathedrale bildet es einen wunderbaren Kontrast zu der Moderne. Das abendliche pralle Leben in den Kneipen und Restaurants mit den kulinarischen Feinheiten aus der berühmten baskischen Küche durfte ich vor zwei Jahren am Ende meiner Camino del Norte-Tour von Hondarribia nach Bilbao hier genießen. Der Vino tinto hinterließ einen nachhaltigen Eindruck. Wir begnügen uns heute mit einem ersten Bocadillo con Jamón ibérico auf die Hand und schlendern die Hauptstraße hoch am Stadion von Athletic Bilbao vorbei in Richtung Busbahnhof.

Der neue Busbahnhof in Bilbao ist ultramodern. Kein Vergleich mit der Baracke, vor der der Flughafenbus anhielt, als ich 2019 in Bilbao ankam, um den ersten Teil des Camino del Norte zu pilgern. Die Abfertigung an diesem Fernbustreffpunkt ist vergleichbar mit der eines Flughafens. Bevor wir in die Halle gelangen, müssen wir durch eine Schranke, in der zum ersten Mal unser Ticket gecheckt wird. Spätestens jetzt bin ich froh, dass ich unsere Fahrausweise vor ein paar Tagen zu Hause ein zweites Mal gebucht habe, nachdem der Drucker sich weigerte, sie beim ersten Versuch auszuspucken. Sonst hätten wir wahrscheinlich bereits hier unsere Planungen um einen Tag verschieben dürfen.

Der Busbahnhof in Santander dagegen hat sich nicht verändert. Er präsentiert sich in einem eher schnoddrigen Outfit, so wie schon 2009, als ich hier meinen allerersten Camino startete. Dazu passend ist die Abfertigung. Alles noch analog: Wie bei einer Klassenfahrt stehen unsere Namen auf dem Zettel des Busfahrers, der jeden einzelnen handschriftlich abhakt.

Wir machen es uns bequem in dem modernen Fernreisebus. Mit Blick auf die schneebedeckten Picos de Europa auf der linken Seite und dem Atlantik auf der rechten Seite passieren wir die kantabrischen Orte des Camino del Norte: Santillana del Mar und San Vincente de la Barquera. Kurz danach beginnt Asturien, zu dem ein ca. 300 km langer Küstenstreifen gehört und das mit etwa 1,1 Millionen Einwohnern eher dünn besiedelt ist. Mehr als die Hälfte der Einwohnerzahl fällt auf die Städte Gijón und Oviedo. Der Rest sind Kleinstädte, Ländereien und Dörfer. Bei Gijón muss ich an die „Schande von Gijón" denken. Dieser feststehende Begriff hat nicht etwa mit einem grausamen Gemetzel im Mittelalter zu tun, sondern mit einem Fußballspiel zwischen Deutschland und Österreich, das als Gruppenspiel in Gijón während der Fußball-WM 1982 in Spanien stattfand. Deutschland musste im letzten Gruppenspiel 1:0 gegen Österreich gewinnen, um beiden Mannschaften das Weiterkommen zu sichern. Algerien wäre damit ausgeschieden. Und genau dieses Ergebnis haben Österreicher und Deutsche dann auch erzielt. Nachdem das 1:0 gefallen war, schoben sich die beiden Mannschaften den Ball ohne wirkliche Angriffsbemühungen in einem unwürdigen Spektakel gegenseitig zu. Wann hat es schon mal so viel Einvernehmlichkeit zwischen Deutschland und Österreich gege-

ben? Die Folge dieses beschämenden Nichtangriffspaktes zu Ungunsten der Nordafrikaner zog eine Änderung der Regeln nach sich: Seitdem finden die letzten Gruppenspiele immer zeitgleich statt.

Kurz hinter Ribadiso schwenkt der Bus weg von der Küste ins Landesinnere mit Kurs auf Oviedo, der Hauptstadt von Asturien, unserem heutigen Ziel. Um Viertel vor elf erreichen wir den Busbahnhof. Der Weg durch die Innenstadt zu unserem Hotel führt uns an vielen Skulpturen vorbei, die wir im Dunkeln nur unzureichend würdigen können und die Oviedo zu einer Art Freilichtmuseum machen. Besonders sympathisch erscheint mir Oviedo durch die Partnerschaft mit der Stadt Bochum, meiner Heimat. 1388 wurde Oviedo Hauptstadt des neu gegründeten Princesa de Asturias. Noch heute tragen die spanischen Thronfolger den Titel „Fürstin bzw. Fürst von Asturien". Bekannt ist Oviedo auch durch den jährlich vergebenen Preis Princesa de Asturias, mit dem verdiente Persönlichkeiten aus Politik, Kultur, Sport und Wissenschaft ausgezeichnet werden. Auf unserer Etappe in Pola de Allende werden wir beim Abendessen im Fernsehen erleben, wie dieser Preis in diesem Jahr an Ugur Sahin und

seine Frau für die Entwicklung des Corona-Impfstoffes der Firma BioN-Tech verliehen wird.

Unweit der Kathedrale liegt unsere heutige Bleibe, dass Grand Hotel. Der Name klingt nach Luxus und nicht gerade nach pilgergerechter Unterkunft. Eines war jedoch bei der Organisation unserer Reise klar: Aufgrund unserer späten Ankunft würden wir in keine Herberge mehr reinkommen. Im Vergleich zu anderen Hotels war das Grand Hotel aber mit 78 Euro pro Nacht eher günstig. Und es liegt im Zentrum und somit unmittelbar am Camino Primitivo, den wir morgen früh von hier aus beginnen wollen.

Gegen 23.15 Uhr checken wir ein und bringen unsere Rucksäcke schnell nach oben auf das Zimmer. „Wo gibt es hier in der Nähe noch etwas zu essen?", frage ich den sympathischen jungen Rezeptionisten, als dieser gerade nach dem Schichtwechsel das Hotel verlassen will. „Wenn ihr rauskommt, direkt rechts um die Ecke. Dort beginnt die Fressmeile von Oviedo", macht er uns Hoffnung auf eine baldige Beruhigung unseres Magengrummelns.

Tatsächlich: Wir bewegen uns ein paar Schritte aus dem Hotel heraus und befinden uns auf einer verkehrsberuhigten, äußerst belebten Straße, in der Menschen aller Altersgruppen, begleitet von einem lautstarken Stimmengewirr, den Samstagabend in launiger Gesellschaft mit Vino, Cerveza, Sidra und Tapas auskosten. Bei immer noch lauen Temperaturen bietet sich

auch für uns ein Platz im Freien an. Die Wärme ist keine Überraschung, denn Oviedo liegt mit 230 Höhenmetern in noch eher flacheren Gefilden. Nachdem wir einen freien Platz ergattert haben, melden wir uns drinnen im Restaurant an. Zunächst will man uns zurückweisen, da die Lokale draußen um ein Uhr schließen müssen. Nachdem ich erklärt habe, dass wir kein Fünf-Gänge-Menü mehr erwarten, dürfen wir es uns draußen bequem machen.

Freddy eröffnet mir, dass er mich heute an unserem ersten gemeinsamen Abend anlässlich seines Hochzeitstages in Gedanken an seine liebe Frau Janina einladen möchte. Wir entscheiden uns für eine Schinkenplatte aus diversen Gegenden Spaniens in Begleitung einer Flasche Sidra. Das muss jetzt einfach sein. Vino tinto, Vino blanco sowie die bewährte Mischung aus Hopfen, Wasser und Malz werden wir vermutlich noch reichlich unterwegs seiner Bestimmung zuführen. Sidra aber - das ist Kult hier! In Asturien hat der Sidra seinen Ursprung - nicht nur das Getränk selbst, sondern viel mehr noch die Art des Eingießens. In Berichten und Filmen über Asturien habe ich sie wahrgenommen und mir gewünscht, dieses Schauspiel einmal selbst erleben zu dürfen. Es ist keine touristische Attraktion, sondern gelebte Kultur. Der Ober zelebriert diese Kultur mit einer Mischung aus Lässigkeit und Eleganz nicht nur an unserem Tisch, sondern auch an allen anderen - nicht einmal, sondern immer. Dabei hält er das Glas in der linken Hand nahe dem Boden und führt die Flasche mit der rechten Hand hinter seinem Rücken über die linke Schulter, um den Apfelwein aus großer Entfernung in das Gefäß plätschern zu lassen. Gewährleistet werden sollen dabei ein Schäumen des Sidra sowie eine beträchtliche Sauerstoffzufuhr. Wir haben das Glas noch nicht leer getrunken, als der Ober wieder an unserem Tisch erscheint und ohne uns zu fragen den verbliebenen Rest des Getränkes auf den Boden schüttet, um dann oben beschriebenes Schauspiel zu wiederholen. Auch das ist Teil der kulturellen Veranstaltung, da der Sidra ohne ausreichenden Sauerstoff nicht genießbar sein soll. Mit oder ohne Sauerstoff - diese bittere Komposition verschiedener gegorener Apfelsorten Asturiens ist gewöhnungsbedürftig.

Der Wecker klingelt um sieben. Nach einem kleinen Frühstück im Hotel schultern wir unsere Rucksäcke, um uns auf den Weg zu machen, der für uns an der Kathedrale in Oviedo beginnt. Pilger, die mehr Zeit haben, starten bereits 46 Kilometer weiter nördlich in der Küstenstadt Villaviciosa, von wo aus eine Abzweigung des Camino del Norte zum Camino Primitivo führt.

Die Straße, die direkt hinter unserem Hotel 200 Meter hoch zur Kathedrale führt, trägt den Namen Calle Schultz. Wer steckt dahinter? Ist es vielleicht der ehemalige deutsche EU-Abgeordnete und spätere Kanzlerkandidat der SPD? Kann nicht sein, Martin Schultz fehlt ein „t" im Namen. Alles Nachdenken hilft nicht – ich muss recherchieren. Wikipedia belehrt mich, dass Wilhelm Daniel Schulz ein im 19. Jahrhundert in Asturien tätiger deutscher Geologe und Bergbauingenieur war, der als erster den Namen „Picos de Europa" für die höchsten Bergspitzen in der Umgebung verwendete. Ein ungeklärtes Rätsel bleibt, warum Oviedos Stadtherren dem Mann ein „t" geschenkt haben.

Zu meiner Verwunderung ist die Kathedrale bereits um 8.30 Uhr geöffnet, sodass wir einen kostenlosen Blick in das Gotteshaus werfen können. Selbstverständlich ist das nicht. Entlang der Jakobswege in Spanien findet man Kirchen häufig verschlossen. Die Ursprünge der Kathedrale gehen auf den Bau einer Basilika aus dem Jahre 794 zurück, deren Errichtung durch Alfonso II. den Keuschen veranlasst wurde. Im 14.–16. Jahrhundert wurde sie zur gotischen Kathedrale ausgebaut. Auf der gegenüberliegenden Seite des Vorplatzes preist ein großes Plakat den Camino Primitivo als den ersten Jakobsweg nach der Entdeckung des Jakobusgrabes auf dem Sternenfeld, dem heutigen Platz der Kathedrale von Santiago de Compostela an. Alfonso II. El Castro von Asturien, der 791 den Thron bestieg, regierte das Land mit ruhiger Hand 50 Jahre. An einem Vollzug der Ehe hatte der streng gläubige Alfonso scheinbar wenig Interesse. Daher gab man ihm den Namen „El Castro", – der Keusche. Als er von der Entdeckung des Jakobusgrabes erfuhr, pilgerte er unverzüglich dorthin. Somit ging Alfonso II. als erster Santiago-Pilger in die Geschichte ein.

Auch wenn es noch frisch ist heute Morgen, strahlender Sonnenschein begleitet uns entlang der gelben Pfeile aus der Stadt heraus. Es ist wie so häufig beim Verlassen einer Großstadt: Nicht immer entdecken wir die Caminowegweiser auf Anhieb. Wir fragen daher einen älteren Señor, der uns eine präzise Beschreibung mit etwa 15 Rechtsabbiegungen und nicht weniger Linksabbiegungen gibt. Können wir natürlich nicht alles behalten. In einer kleinen Tienda decken wir uns mit Marschverpflegung ein: Frisch geschnittenen Schinken und Chorizo sowie Oliven und Baguette. Freue mich jetzt schon auf die Brotzeit! Immer wieder begegnen wir dem freundlichen, ortskundigen Señor. Eigentlich müssten wir ihm nur folgen. Er geht voran wie ein Navigationsboot, das den großen Frachter aus dem Hafen geleitet.

Vorerst zum letzten Mal müssen wir eine breite Straße überqueren, bevor es auf der anderen Seite auf Wanderwegen durch die grüne Landschaft weitergeht. Auf dem Mittelstreifen der viel befahrenen Straße steht ein Jakobus-Denkmal mit der Beschreibung der ersten Pilgerung durch Alfonso II.

Wir lassen die Stadt hinter uns und machen etli-

che Höhenmeter. Es ist angenehm, endlich keinen Asphalt, sondern weichen Untergrund unter den Wanderstiefeln spüren zu können. Und es dauert nicht lange, bis wir bei optimalen Sichtverhältnissen grandiose Aussichten auf das grüne Tal und die dahinterliegenden Gebirgsläufe haben: Der perfekte Hintergrund für ein Erinnerungsfoto.

Schon auf den ersten Kilometern zeigt sich, dass Freddy und ich läuferisch gut harmonieren. Nicht etwa, weil wir das gleiche Tempo haben, sondern weil wir uns nicht zwingen, uns gegenseitig anzupassen. Berghoch ist Freddy um einiges flotter, läuft dann voraus und drosselt sein Tempo oben angekommen. Ich selbst kann mein eigenes Tempo bestimmen und schließe dann irgendwann zu ihm auf. So können wir schweigen, uns aber auch austauschen. Eigentlich kennen wir uns ja nur vom Fußball oder aus der

Praxis. Freddy könnte gut und gerne mein Sohn sein. Zwischen uns liegen fast 30 Jahre. Wenn er mein Sohn wäre, hätte ich bereits vier Enkelkinder.

Vor 22 Jahren spielte ich zum ersten Mal in der Fußballtruppe der Lehrer mit. Ich hatte meinen fünfjährigen Sohn Luca zum Fußballspielen in die Euregio-Sporthalle begleitet. Der Vater seines Freundes Hannes zog sich nach dem Spiel um, um danach mit seinen Lehrerkollegen zu kicken. Irgendwann nahm er mich mit. Seitdem bin ich, wann immer es mir möglich ist, dabei. Das Bier danach hat etwas vergleichbar Meditatives wie das Bier nach einer Camino-Etappe. Nach dem Auspowern hat man es sich mehr verdient als in irgendeiner anderen Situation. Dementsprechend schmeckt es auch tausend Mal besser. Damals bei meinem ersten Kick mit den Lehrern, wechselte Freddy gerade als Schüler in die Oberstufe.

Der Wanderweg führt auf eine asphaltierte Landstraße, auf der ich mit einem hoch aufgeschossenen Amerikaner mittleren Alters ins Gespräch komme. Das Besondere an unserem Austausch ist, dass wir ihn nicht auf Englisch, sondern auf Spanisch führen. Für mich eine gute Gelegenheit, mich wieder an die Sprache zu gewöhnen. Der erfahrene Pilger stammt aus San Diego und wird von seiner Frau begleitet. Beim Stichwort San Diego denke ich unweigerlich an eine persönliche Erfahrung vor 40 Jahren. Als ich damals die kalifornische Küste in Richtung Baja California herunter trampte, war ich kurz vor San Diego nach langer Wartezeit mit dem rechten Daumen im Wind froh, dass endlich jemand Erbarmen hatte und bereit war, mich mitzunehmen. Gerade wollte ich in die gestretchte Limousine einsteigen, als ich auf dem Rücksitz mehrere total zugekiffte Typen wahrnahm. Ich zog es vor, weiter zu warten und erklärte dem Fahrer, dass ich eher eine Mitfahrgelegenheit nach Tijuana suchte. In der mexikanischen Grenzstadt bin ich dann irgendwann auch gelandet und von dort aus sofort mit dem Bus weiter Richtung Süden gefahren. Das Dumme war nur, dass dieser Bus am späten Abend mitten in der Kakteenwüste nicht mehr weiterfuhr, die Mitfahrer schnell in den paar umliegenden Häusern verschwunden waren und ich allein auf weiter Flur stand. Aber das ist eine andere Geschichte ...

Über eine kleine Brücke gelangen wir erneut auf einen Feldweg. An einer Kreuzung ist die Beschilderung unklar. Ein junger Spanier mit Rucksack gesellt sich zu uns, aber auch er kann Pfeile und Ortshinweise nicht deuten. Plötzlich hören wir einen lauten Pfiff von Weitem aus einem etwa 50 Meter entfernten, einzelstehenden Backsteinhaus. Der ausgestreckte Zeigefinger eines kaum zu erkennenden Mannes weist nach oben den Weg hinauf. Federico, der Spanier, folgt uns. Er kommt aus Santiago. „Wie erlebst du das mit den täglich ankommenden Pilgern?", frage ich ihn. Entgeistert schaut er mich an. „Non vengo de Santiago de Compostela, vengo de Santiago de Chile",

sagt er. Der vermeintliche Spanier ist gar kein Spanier. Chile verbinde ich mit dem klangvollen Namen Esteban Trueba aus dem "Geisterhaus" von Isabell Allende. Wir führen unser Gespräch auf Englisch weiter, erfahren, dass Federico Rechtsanwalt ist und sprechen über die politische Entwicklung Chiles sowie die aktuelle Coronalage in unseren Heimatländern. Und wir stellen Federico die immer wieder spannende Frage aller Fragen: Was führt dich auf den Jakobsweg? Warum legst du eine Entfernung von über 10.000 Kilometern zurück, um in Spanien den Camino Primitivo zu laufen? Federicos Antwort fällt etwas kryptisch aus. Ich kann mir die Erklärung nicht so recht zusammenreimen. Es soll noch eine Weile dauern, bis die Erleuchtung eintritt und wir den wahren Grund erfahren.

In Premoñu, kurz hinter der Campila de Santa Ana, entschließen wir uns, eine Pause einzulegen und das vorgesehene Picknick einzunehmen. Zwei Drittel unserer heutigen 25 km langen Etappe haben wir geschafft. Unser Wanderführer klärt uns auf, dass Ana, die Mutter der Jungfrau Maria, also die Großmutter von Jesus, als Schutzpatronin der Fußkranken verehrt wird. Fußkrank sind wir zwar noch nicht, aber der Segen der Heiligen Ana für unseren weiteren steilen Weg kann nicht schaden. Wir platzieren uns auf den Stufen eines asturischen Horreos (Getreidespeicher), der hier nicht wie in Galicien schmal und längs gestreckt ist, sondern mit seiner quadratischen Bauweise eher wie ein japanisches Teehaus aussieht. Federico können wir mit unseren ausgebreiteten Köstlichkeiten nicht überzeugen. Er schlägt unsere Einladung aus und bevorzugt weiterzulaufen.

Gut gesättigt wandern wir über schöne, weitgehend verkehrsberuhigte Wege weiter, bis der Camino sich ohne größere Steigungen durch das Tal des Rió Nalón schlängelt. Der leichte Nieselregen macht uns nur wenig zu schaffen, denn bald haben wir nach 25 Kilometern unser heutiges Endziel Grado erreicht. Zunächst müssen wir jedoch noch über die langgezogene, wenig ansehnliche Hauptstraße,

um unsere Unterkunft am Ende des Ortes zu erreichen. Ich hatte es vorgebucht, da praktisch alle Pilger Grado als erstes Etappenziel wählen und die
Herberge lediglich 16 Plätze anzubieten hat. Das Hotel trägt den klangvollen Namen Autobar und bildet etwa den Gegenentwurf unserer vorherigen
Unterkunft in Oviedo ab. Offensichtlich gibt es jedoch seit kurzem eine
neue, äußerlich sehr attraktive Herberge mit einem hübschen Vorgarten
auf der rechten Seite der Durchgangsstraße. Wahrscheinlich wäre sie die
nettere Alternative zu unserer heutigen Bleibe gewesen.

Sei´s drum. Wir sind erst einmal froh, überhaupt eine Übernachtung für
heute gesichert zu haben. Oder haben wir uns etwa zu früh gefreut? Die
schrullige Alte an der Theke des dunklen Ausschankraumes deutet an,
dass bei der Buchung etwas falsch gelaufen und lediglich eine Person
angemeldet sei. Natürlich sei die Pension ausgebucht. Wenn ich jedoch
bereit wäre, ein paar Euro draufzulegen, könnten wir zusammen auf das
Zimmer. Das „Cama matrimonial" sollte auch für uns beide reichen.

Ich bezahle 16 Euro und erhalte zum Dank Komplimente. Wie gut ich mich
doch auf Spanisch verständigen könne und dass ich schnell begriffen hätte, wie das Problem zu lösen sei. Wir betreten einen vielleicht sechs Quad-
ratmeter großen Schlafraum, der mit dem einen Meter breiten Ehebett bis
zum Fenster hin nahezu ausgefüllt ist. Die Bettwäsche riecht zwar frisch,
wir ziehen es jedoch vor, unsere Schlafsäcke zu nutzen. Es erscheint ansonsten bei der Enge nicht ausgeschlossen, dass Freddy heute Nacht beim
Kuscheln vermeintlich seiner Janina und ich meiner Kerstin untreu würde.
Es sei denn, wir öffnen das Fenster, dann wäre bei dem vorbeiratternden
Autoverkehr ohnehin nicht an Schlaf zu denken.

Ich schmeiße meine Klamotten in eine kleine, noch vorhandene freie Ecke,
Freddy schafft es trotz Platzmangel seine irgendwo ordentlich abzulegen.
An dieser Stelle scheinen sich erste charakterliche Unterschiede zwischen
uns anzudeuten.

Eine Dusche käme jetzt nicht ungelegen. Noch immer kleben unsere ver-
schwitzen Kleider am Leib. Das, was wir als solches wahrnehmen, steht
höchstwahrscheinlich im Guinness Buch der Rekorde: „In der spanischen
Stadt Grado auf dem Camino Primitivo in Asturien finden Sie die kleinste
Nasszelle der Welt!" Freddy, der so gut wie kein Gramm Fett am Körper

hat, wird es wahrscheinlich so grade noch geschafft haben, die Tür zu schließen. Obwohl auch ich nicht gerade als adipös zu bezeichnen bin, kann ich mich drehen und quetschen wie ich will, – die Tür bleibt offen! Immerhin gibt es fließendes Wasser und das ist sogar warm.

Das innerhalb und außerhalb der Pension angepriesene Pilgermenü fällt aus. Die Küche sei heute geschlossen, sagt man uns. Macht nichts! Wir begeben uns in die Altstadt und dürfen erkennen, dass der Ort mehr zu bieten hat als diese hässliche Durchgangsstraße. Das blaue, aus dem 19. Jahrhundert stammende Rathaus, sticht hervor. Auf einem belebten Platz gönnen wir uns ein paar Tapas. Ein Altrocker gibt alles auf seiner Gitarre. Die Songs sind eher aus meiner Generation. Die friedliche Sonntagabend-stimmung mit Zuhörern aller Altersklassen und spielenden Kindern um die Tische herum ist inspirierend. Auch wenn Grado gerade mal knapp 70 Meter über dem Meeresspiegel liegt, – es wird frisch. Bevor wir uns auf den Rückweg machen, kaufen wir noch ein paar Essensvorräte im Supermarkt für die morgige Etappe nach Salas. Zum Glück muss ich mir keine Gedanken über die Reservierung einer Unterkunft machen. In Salas gibt es jede Menge unterschiedlicher Schlafstätten, sowohl Herbergen wie auch Pensionen.

Trotz aller Bedenken, – die Nacht war erholsam. Ich bestelle einen Kaffee im Ausschankraum. „Kein Frühstück, Señor?", fragt mich der Alte hinter der Theke. „Nein, kein Frühstück, nur Kaffee, por favor". Aber den Jungen könne ich doch nicht so laufen lassen, meint der Alte. „Der braucht doch ein richtiges Frühstück,". „Si, claro", der Junge bekommt ein desayuno completo. Es besteht aus einem großen Croissant und einem Döschen Marmelade.

Direkt hinter der Pension Autobar geht es steil bergauf entlang der Straße. Schon bald laufen wir über ruhige Feldwege, durch bezaubernde Laubengänge und über steinige Waldwege. Erst geht es ein Stück nach oben und dann wieder nach unten, keine Rampen, alles gut zu schaffen. Der Himmel ist blau, das Wetter mit 18 - 20 Grad optimal zum Wandern, wir fühlen uns fit. Keine Zeit für schlechte Laune!

Nach gut drei Stunden gönnen wir uns eine erste längere Pause in Cornellana. Nicht so wie einige Pilger, die wir in den Straßencafés sitzen sehen, sondern ein paar hundert Meter weiter auf einem Picknickplatz. Von hier aus haben wir Sicht auf das 1024 gegründete Monasterio de San Salvador de Cornellana, zu dem auch eine Herberge gehört. Da das Kloster geschlossen sein soll, versuchen wir es gar nicht, der Klosterkirche einen Besuch abzustatten.

Nach fünfzehn Kilometern sehen wir aus der Entfernung einen Stand auf der rechten Seite des Feldweges. Zwar haben wir genug Wasser dabei, eine kleine Pause mit einem Erfrischungsgetränk käme jetzt jedoch nicht ungelegen. Als wir näher herangehen, erblicken wir auf dem Tisch weder Cola noch Fanta oder Apfelschorle, sondern Ziegel, - ganz normale Dachziegel. Was sollen wir damit anfangen? Sind Ziegel in Asturien das neue Symbol für Pilger? - Etwa das, was sonst auf Jakobswegen die Muschel ist? Sollen wir die Muschel, die die Hinterseite unseres Rucksackes ziert, einfach durch einen Ziegel ersetzen?

Die junge Dame hinter dem Tisch klärt uns auf: Die kleine Kirche, die wir auf der linken Seite im Hintergrund sehen, benötigt ein neues Dach. Leider fehlt das Geld dafür. Was aber nicht fehlt, ist Fantasie! Die jungen Leute möchten die vorbei laufenden Pilger um eine kleine Gabe für die Herstellung des neuen Daches bitten. Dafür stellen sie nicht einfach nur eine banale Spendendose auf, sondern sie ermöglichen jedem, der spendet, sich mit einem bereitgelegten Stift auf einem Ziegel zu verewigen. Welch originelle Idee!! Die üblichen Wünsche wie Gesundheit, Frieden oder Freiheit sind schon vergeben. Ich schreibe daher auf einen noch glänzenden nagelneuen Ziegel: Möge jeder Pilger bei der Ankunft ein Dach über dem Kopf finden! Ein frommer Wunsch, wie sich bald herausstellen würde!

Ein paar hundert Meter weiter beginne ich an der Realisierung des Wunsches zu arbeiten. An einem Baum klebt ein Zettel mit einer Telefonnummer und der Beschreibung einer Unterkunft in Salas. Eigentlich benutze ich mein Handy bewusst nicht auf dem Weg. Hier erlaube ich mir eine Ausnahme. Die männliche Stimme am anderen Ende erklärt mir freundlich, dass die Herberge coronabedingt seit einiger Zeit geschlossen ist. Das idyllisch im Grünen gelegene Landhaus, etwa fünf Kilometer vor Salas, jedoch ist, - sowohl sichtbar wie auch deutlich akustisch wahrnehmbar - nicht geschlossen. Eine illustre Gruppe, dem Vernehmen nach überwiegend Spanier, feiert ihre Ankunft laut und fröhlich, als gäbe es keinen Morgen mehr.

Gegen 14.30 Uhr laufen wir in Salas ein. Auf den ersten Blick macht Salas mit seinen symmetrisch angeordneten zweistöckigen Häusern einen architektonisch stimmigen Eindruck. Sein Name leitet sich von Fernando Valdes Salas ab, der hier 1483 geboren ist und als Gründer der Universität von Oviedo sowie einer Schule für Waisenmädchen bekannt wurde. Fernando Salas ist aber nicht der einzige berühmte Sohn der Stadt. Die Wissenschaftlerfamilie Alva-

rez nahm hier ihren Anfang. Der berühmteste unter ihnen war der Physiker Luis Walter Alvarez, der mit Robert Oppenheimer verantwortlich für den Bau der Atombombe war. 1968 erhielt er den Nobelpreis für seine Arbeit über Elementarteilchen.

Direkt nach dem Eintreten in das Städtchen erkennen wir auf der rechten Seite den Zugang zu einer Herberge. Der Blick in den großen Schlafraum zeigt bis zum Eingang hin eng gestellte Stockbetten. Es dauert nicht lange, bis uns ein deutlich vernehmbares „Completo!" zugerufen wird. Auch in der nächsten Herberge erhalten wir schnell Gewissheit, dass alles ausgebucht ist. Das kann ja heiter werden!

Wir passieren den Torre Medieval aus dem 14. Jahrhundert. 200 Meter dahinter entdecken wir auf einer Anhöhe ein älteres Haus mit der Aufschrift Albergue La Campa, davor eine lange Bierzeltgarnitur, auf der bereits einige Pilger ausharren, um nach der Siesta Einlass in die noch verschlossene Herberge zu erhalten. Uns schwant Ungemach: Alle, die hier sitzen, haben vorgebucht. Und als die Tür sich öffnet, erhalten wir auch augenblicklich Gewissheit: „Completo!". Eine gewisse Anspannung in unseren Gesichtern lässt sich nicht leugnen. Das erkennen auch einige Mitpilger, die es nicht so eilig haben, sich in die Schlange bei der Anmeldung einzureihen. Fleißig sind alle bemüht, über ihre Reiseführer und Apps Adressen auszukramen, die uns eventuell noch eine Übernachtung ermöglichen könnten. Während wir Baguette, Jamón Ibérico und Oliven auf dem Tisch ausbreiten, beginne ich damit, alle potenziellen Hoffnungsträger abzutelefonieren.

Completo, completo, completo! Ich kann es nicht mehr hören. Einige rufe ich sogar zweimal an, weil ich mit dem Sortieren der vielen Adressen durcheinander komme. Eine einzige halbwegs positive Antwort habe ich erhalten, die aber hatte es in sich. „Wenn es euch nichts ausmacht, noch mal drei Stunden den Berg raufzulaufen, könnte ich euch zur nächsten Herberge fahren, da wir leider auch voll sind", sagt der Mann mit der freundlichen Stimme am anderen Ende der Strippe. „Und wenn da auch nichts frei ist, werde ich mich aufs Sofa legen und ihr könntet mein Bett nehmen." Wow! Solch einen Mitmenschen müsste man eigentlich kennenlernen, aber noch drei Stunden den Berg rauflaufen – wollen wir das wirklich? Ich schaue mich derweil in der Gegend um, in welcher geschützten Ecke ich heute Nacht meinen Schlafsack ausbreiten könnte.

Nicolaus, der Betreiber der Herberge, kommt aus dem Haus und entschuldigt sich, dass leider auch er ausgebucht sei. Er bittet uns, eine halbe Stunde zu warten, bis er die ihn begleitende Gruppe zum Ort ihrer Bestimmung gebracht habe. Als er zurückkommt, geht er direkt in die Herberge. Zehn Minuten später kommt er wieder raus, um uns mitzuteilen, er hätte noch etwas für uns. „Woooo?", brüllen wir ihn beinahe unisono an. „Hier bei uns", sagt er. „Ich habe die anderen gebeten etwas zusammenzurücken. Dadurch wurden zwei Stockbetten frei." Wahrscheinlich haben wir einen Familienbonus erhalten. Nicolaus hält uns für Vater und Sohn. Wir möchten ihn umarmen, küssen und heiligsprechen.

Der Stempel, den Nikolaus uns in den Pilgerpass drückt, ziert eine Tulpe. Der Herbergsvater ist Holländer. Dann werden wir noch gefragt, ob wir das dreigängige vegane Abendmenü mitbestellen möchten. Klar wollen wir. Das Zimmer auf der oberen Etage, in dem wir unser Stockbett am Fenster belegen dürfen, ist gemütlich, sauber und nicht zu eng. Wir legen unsere Rucksäcke ab und begeben uns geradezu euphorisch in die Stadt, um endlich das Etappenbier einzulösen. Soviel Glück muss gebührend gefeiert werden!

Der Platz vor dem Torbogen füllt sich nach der Siesta mehr und mehr mit Menschen. „Je suis Christoph" macht sich der schlanke, grauhaarige Mittfünziger bekannt, bevor er sich zu uns setzt. Es wird sich herausstellen, dass Christoph zwar eine zufällige Begegnung ist, eine Begegnung, die gleichsam jedoch auch bedeutsam sein wird. Zunächst einmal können wir Vorurteile abbauen, denn er spricht trotz weit verbreiteter Meinung, Franzosen hätten es nicht so mit Fremdsprachen, ein gutes Englisch.

Eines ist uns heute bewusst geworden. Ohne Vorbuchung geht hier gar nichts. Das heißt für uns: Keine Zeit verlieren und alle Adressen, die unsere Wanderführer anbieten, abzutelefonieren, um morgen in Tineo und übermorgen in Polar de Allende nicht das gleiche Theater erleben zu müssen wie vorhin. Es erfolgt eine Absage nach der anderen. Jetzt kommt Christoph ins Spiel: Er kann uns noch in der Herberge in Tineo unterbringen, in der er selbst reserviert hat. Es ist nicht auszuhalten! Schon wieder Glück gehabt!

Ein weiterer, bereits bekannter Mitpilger - Federico - setzt sich an unseren Tisch. Begleitet wird er von Pablo, einem kräftigen, sehr eloquenten spanischen Mitpilger aus Cádiz, bekanntermaßen die südlichste Stadt Spaniens. Wie Federico ist auch er Rechtsanwalt. „Wenn du aus Cádiz kommst, kennst du sicherlich auch die Via de la Plata?", möchte ich wissen. „Du meinst, ob ich sie bewältigt habe?", fragt er nach. „Ja, mehrmals mit dem Auto", fährt er fort, „Ich bin doch nicht wahnsinnig bei der Hitze in Andalusien und der Extremadura einen Schritt zu viel zu machen!"

Mit Federico kommen wir irgendwie über Religionen ins Gespräch. Seine Mutter gehöre der Gruppe „Opus Dei" an. Plötzlich offenbart sich uns der sympathische, dunkelbraun gelockte Chilene mit seinen Coca-Cola-schwarzen Augen, dem bronzenen Hautkolorit und seinen markanten, gleichzeitig aber auch sanften, symmetrischen Gesichtszügen mit einer Aussage, die schockiert. Heute Morgen in der für uns vermeintlich geschlossenen Kapelle des Convents in Cornellana seien seine letzten Zweifel beseitigt worden. „Ich gehe ins Kloster!" „Welch eine Tragödie für die Frauenwelt. Wieder geht ihr ein besonders attraktives Opfer durch die Lappen", murmelt Freddy leise vor sich hin. Vielleicht aber war Bruder Federico schon vorher für die Frauenwelt verloren. Wir wissen es nicht.

Das vegane Menü von Yollanda, der Hausbesitzerin zubereitet, ist ein orientalischer Traum: Eine Gemüsesuppe mit frischen asiatischen Gewürzen. Ein

delikates, nicht zu scharfes Curry und zum Abschluss ein Beerenkompott. Dazu gibt es einen vorzüglichen Öko-Rotwein aus der Gegend, von dem man beliebig nachschenken darf. Wir haben etwas zu feiern, sind daher nicht allzu zurückhaltend mit dem Nachschenken. Ich lerne Davide kennen, der aus Modena stammt. Das liegt nicht weit von Bologna, meiner Studienstadt, entfernt. Somit gibt es einiges zu besprechen.

Beim Rückzug ins Schlafgemach stolpere ich die knarzende Holztreppe hinauf und verliere kurzfristig das Gleichgewicht. Es passiert nichts Schlimmes, außer, dass sich meine Brille in Wohlgefallen auflöst. Das Glas zersplittert. Ich sehe es Freddy an der Nasenspitze an. Unausgesprochen stellt er sich die gleiche Frage wie zuweilen Kerstin: „Wie ist dieser Kerl bisher weitgehend unbeschadet durchs Leben gekommen?" Solch gemeine Fragen sind Davide fremd. Der Italiener macht sich stattdessen Gedanken, wie ich meinen Camino fortsetzen könnte, kramt eine Brille mit mintgrünem Rand aus seinem Rucksack und überreicht sie mir. „Grazie Davide, quanto ti debo?", frage ich den hilfsbereiten Italiener. „Nichts, gar nichts schuldest du mir. Ich habe drei Stück davon im Gepäck", antwortet er großmütig. Die absolute Überraschung ist: Ich kann alles erkennen durch die Brille – zumindest jetzt. Mal schauen, wie es morgen ist, wenn ich wieder nüchtern bin. Gerade noch halb blind, trage ich plötzlich eine coole italienische Designerbrille auf der Nase. Freddy klebt mir hilfsbereit ein kleines Pflaster auf die Stirnwunde. Wann erlebt man schon mal so viel Altruismus?

Quatsch, alles Unsinn, was ich mir hier zusammenreime! Wenn man genau hinschaut, kann man Altruismus jeden Tag erleben. Man muss ihn nur wahrnehmen. Vor einigen Stunden hat uns ein Mann sein Bett angeboten, um selbst auf dem Sofa zu schlafen, obwohl er uns noch nie gesehen hat. Wo wären wir heute Nacht geblieben, wenn kurze Zeit später ein anderer zuvor unbekannter Mann uns nicht von der Straße geholt hätte, obwohl seine Unterkunft vollständig ausgebucht war.

Ehrlich gesagt hatte ich nicht damit gerechnet, dass der Vater mit seiner fünfjährigen Tochter zur Vorsorge U9 kommen würde. „Ich habe noch nie so viel geweint wie in den letzten Tagen", berichtete er. Einen Tag zuvor ist seine Frau beerdigt worden. Blickkontakt ist schwierig, sein linkes Auge wirkt starr, sein rechtes driftet immer wieder nach oben ab. „Makuladegeneration", klärt er mich auf. Das eine Auge habe noch drei Prozent Restsehkraft, das andere 0,2 Prozent. „Daher rutscht es immer weg", ergänzt er. Vor drei Jahren habe seine Frau die Diagnose „Brustkrebs" erhalten. Die Therapie habe nach zögerlichem Beginn gut angeschlagen. Danach sei sie verändert gewesen. Kathrin habe ihn verlassen, um das Leben zu genießen, feiern zu gehen. Er kümmerte sich in der Folge um das Kind, das die Vorsorge scheinbar unbeschwert und eher fröhlich über sich ergehen lässt. Vor einem halben Jahr sei es zu einem Rezidiv des Brustkrebses bei Kathrin gekommen, erzählt der Vater weiter. Eine Therapie sei nur noch palliativ möglich gewesen. Der Mann nahm die Frau wieder zu sich auf und pflegte sie. „Und an ihrem letzten Lebenstag habe ich sie doch noch ins Krankenhaus bringen müssen, da die Schmerzen unerträg-

lich wurden", klagte er. Noch immer höre er ihre Schreie. „Ich hätte ihr so gerne bis zu ihrer letzten Stunde geholfen". Ob er meine Tränen sehen konnte? Ich weiß es nicht. Geschämt habe ich mich ihrer nicht.

Mammakarzinom!! Wie viele Mütter habe ich in meiner Praxis schon durch diese Seuche verloren? Vor zwei Jahren war es gar meine eigene, – aber sie war schon 96 Jahre alt. Mama hatte ein erfülltes Leben. Auch wenn ihr Tod für uns vier Brüder ein großer Verlust war, – wir konnten es akzeptieren.

Vor ein paar Wochen besuchte ich mit Kerstin meinen Sohn Luca in Köln. Eine Parklücke in der Südstadt zu finden, ist fast gleichbedeutend mit einem Sechser im Lotto. Wir sahen eine, die zwar eng, aber doch irgendwie passend erschien. Eine hohe Kante am vorderen Ende der Parklücke erschwerte das Parkevent. Nach mehrmaligem erfolglosen Rangieren übergab ich an Kerstin. Eine kleine Gruppe junger Leute kam uns entgegen. „Soll ich ihn einparken?", rief uns der ungefähr 25 Jahre alte Mann zu. „Ich kann das!" „Ja, versuche es", antwortete ich spontan. Er setzte sich auf den Fahrersitz, zog ihn ein paar Zentimeter nach hinten und legte konzentriert los wie ein Formel-Eins-Fahrer am Start. Mit dem ersten Versuch stand das Auto perfekt. Die Flasche Rotwein aus dem Kofferraum, die eigentlich für Luca vorgesehen war, wies er zurück. „Kein Ding – nicht dafür", sagte er freundlich aber bestimmt und schloss sich wieder seiner wartenden Gruppe an.

„Begegnung heißt, aus sich herausgehen. Indem ich mich in Bewegung setze, verändere ich die Welt. Es geht um das Ergreifen des Moments – Kairos, der günstigen Gelegenheit."

- Charles Pepin: Kleine Philosophie der Begegnung -

Camino de Santiago
PARABELA DE LA DEBESA
ALBERGUE
La Campa

Bei vierzig Pilgern und nur einem kleinen Bad braucht es morgens etwas Geduld, bis alle mit der Katzenwäsche fertig sind. Wir lassen uns daher Zeit, um am Ende die Letzten zu sein, die das alte schmucke Stadthaus verlassen. Somit haben wir in dem kultigen Entree des Gebäudes noch Gelegenheit, beim Frühstück mit Nikolaus zu sprechen. Neben dem Holztisch, an dem wir sitzen, stehen eine Gitarre, ein Saxofon und ein Key-Board für die besonderen, geselligen Pilgermomente. „Wie bist du hier gelandet?", frage ich Nikolaus, während die etwas scheue, aber freundliche Yollanda, die gestern dieses wunderbar ayurvedische Menü gezaubert hat, uns den Kaffee zubereitet. „Vor sieben Jahren pilgerte ich den Camino Francés und habe mir danach gezielt auf dem Camino Primitivo eine Herberge gesucht. So landete ich bei Yollanda, der dieses Haus gehört." „Und was machst du im Winter, wenn hier nichts los ist?"

„Dann bin ich in meiner Heimat in Utrecht, wo ich als Craniosacraltherapeut arbeite", ergänzt Nikolaus unaufgeregt. Der Holländer strahlt eine beneidenswerte buddhistische Ruhe aus.

Vor der Herberge treffen wir Christoph, aufgrund dessen gestriger Intervention wir heute alles sehr gelassen angehen können. Bei frischen 14 Grad Celsius und wolkenlosem azurblauen Himmel steigen wir den hinter der Herberge beginnenden steilen Weg hinauf. Bevor der Camino in den Wald führt, sehen wir eine bezaubernde moderne Bleibe mit großen Fensterfronten auf der linken Seite. Das wäre mit Sicherheit auch ein schönes Plätzchen für eine Übernachtung gewesen.

Bis La Espina, das auf ca. 700 Meter Höhe liegt, laufen wir mit herrlichen Aussichten über Feldwege ständig bergauf. Somit haben wir nach gut zwei Stunden fast 500 Höhenmeter geschafft. Bis zur Herberge in Bodenaya, einen Kilometer davor, wäre das die Strecke gewesen, die wir gestern Nachmittag noch hätten absolvieren müssen, um das Angebot des hilfsbereiten Herbergsvaters David anzunehmen. Cordula Rabe schreibt in ihrem Reiseführer: „Der Hospialiero David ist einer der Seelen des Weges, der die Pilger nach alter Tradition herzlich bei sich zu Hause aufnimmt." So erschöpft und unmotiviert hätten wir diesen herrlichen Caminoabschnitt gestern Nachmittag wahrscheinlich jedoch deutlich weniger schätzen können.

Landschaftlich ansprechend geht es über weitgehend unbefestigte, gute Wege in leichtem Auf und Ab mit Blick auf die Sierra del Tineo bis zu unserem Etappenziel. Die Herberge La Plaza, die Christoph gestern für uns gebucht hat, liegt mitten in der Stadt. Der Mann an der Rezeption schaut kritisch auf seine Gästeliste. „Oh Gott, ist da doch noch was schief gelaufen mit der Buchung?", geht es mir durch den Kopf. Nein! Nach dem Buchstabieren unserer Namen und einer weiteren Überprüfung können wir einchecken. Es geht eine Treppe herunter, die jedoch nicht in einen Keller führt, sondern auf ein Plateau, von dem man eine wunderschöne Aussicht auf das Tal hat. So, wie es aussieht, sind wir die ersten Ankömmlinge. In dem Raum mit sechs Stockbetten beziehen wir unsere zugewiesenen Matratzen. Christoph bekommt ein Bett in einem anderen Schlafraum.

Ein besonders intensives Körpergefühl stellt nach einer stundenlangen Wanderung das Abstreifen der schweißnassen Kleidung mit der dann folgenden warmen Dusche dar. Idealerweise benutzt man danach ein Handtuch zum Abtrocknen. Gerade dieses nützliche Utensil will mir nicht in die Hände fallen, obwohl ich bereits den Ruck-

sack mit sämtlichem Inhalt auf den Kopf gestellt habe. Es scheint so, als sei es heute Morgen in der Herberge in Salas liegen geblieben.

Den kleinen Chaoten in mir werde ich wahrscheinlich bis an das Ende meiner Tage nicht

loswerden. Auf der anderen Seite kriege ich nicht gleich eine Panikattacke, wenn die nicht vorhandene Ordnung durcheinandergerät. Anankastische, von Zwängen geprägte Charakterzüge, halten sich bei mir eher in Grenzen. Ich hadere daher nicht lange mit meinem Schicksal, krame das noch trockene T-Shirt aus dem Rucksack und rubble mich damit nach dem wohltuenden Bad ab.

Christoph, Freddy und ich steuern das Luxushotel Palacio de Meras an. Im Untergeschoss des Hotels, das sich in einem Palast aus dem 16. Jahrhundert befindet, gibt es auch Unterkünfte für Pilger, die zu bestimmten Zeiten sogar das türkische Bad und die Sauna benutzen dürfen. Ebenfalls wird ein Pilgermenü angeboten, das wir uns hier bestellen möchten. In dem recht dunklen Raum, abgetrennt von dem hell erleuchteten Speisesalon der Hotelgäste, nehmen wir an einer mit einer weißen Tischdecke festlich gedeckten Tafel Platz. Zwei Kellner, gekleidet mit einem weißen Hemd, einer schwarzen Weste und einer schwarzen Hose, reichen uns gelangweilt die Speisekarte. Das Menü ist so lala. Sicherlich bekommen die Hotelgäste etwas anderes vorgesetzt. Aber für zehn Euro p.P. sollte man sich dem Ambiente angemessen, mit Kritik vornehm zurückhalten. Beim Verlassen des Hotels kommt uns Davide aus Modena entgegen. Er hat hier noch rechtzeitig im Pilgertrakt ein Bett reservieren können.

Die Gegend um Tineo (9900 Einwohner) ist bereits sehr früh durch Goldfunde bekannt geworden. Vor über 2000 Jahren suchten bereits die Kelten nördlich von Tineo nach Gold. Die Römer führten die Freilegung der Goldminen im Valle del Oro mittels Wasserkraft fort. Verschiedene Adelsfamilien stritten sich in den folgenden Jahren um die Pfründe, bis schließlich Isabella und Fernando, die katholischen Könige, Ende des 15. Jahrhunderts, ein Machtwort sprachen und Tineo der kastilischen Krone angliederten.

Auf der Terrasse unserer Herberge kümmern wir uns um die Festlegung und Buchung der kommenden Unterkünfte. Christoph, der bereits zum dritten Mal auf dem Camino Primitivo unterwegs ist, hilft so wie gestern mit. Der 55-jährige Franzose ist in der IT-Branche tätig und lebt mit seiner Frau in Paris. Kinder hat er nicht. Freddy erzählt stolz von seinen vier Pants. Stolz kann er auch sein. Es sind wunderbare Kinder. Jedes ist anders und auf seine Weise besonders. Um es mit Johann Wolfgang von Goethe zu sagen: „Wir können die Kinder nach unserem Sinne nicht formen ... Denn der eine hat die, die anderen andere Gaben. Jeder braucht sie und jeder ist doch nur auf seine Weise gut und glücklich." (Aus:„Hermann und Dorothea".)

In Pola de Allande, dem Ziel unserer nächsten Etappe, haben wir Glück. Es klappt mit der Reservierung eines Zimmers in einem kleinen Hotel. Danach telefonieren wir uns erneut die Finger wund. Vor allem in und um Berducedo ist alles ausgebucht. Berducedo ist der Ort nach der Gipfelbesteigung. Verdammt! Warum ist das so schwierig hier, eine Unterkunft zu finden, wo doch nur fünf Prozent aller Pilger den Camino Primitivo laufen?

Am Ende geben wir auf und buchen in dem Hotel der nachfolgenden Etappe Grandas de Salime gleich zwei Nächte, um nach der ersten Übernachtung am folgenden Morgen mit dem Taxi nach Berducedo zurückzufahren.

„Lebe so, als müsstest du sofort Abschied nehmen vom Leben, als sei die Zeit, die dir geblieben ist, ein unerwartetes Geschenk."

- Marc Aurel -

ALBERGUE

bienvenidos
peregrinos

Stimmungsschwankungen

Tineo - Pola de Allande | 29 km

Das Pärchen, das sich in dem gegenüber liegenden Stockbett mit diversen Laken eine nicht einsehbare Höhle gebaut hat, hat Freddy heute Nacht um den Schlaf gebracht. Als sei ich in ein künstliches Koma versetzt worden, habe ich von allem nichts mitbekommen. Freddy versichert, dass die Geräuschkulisse erheblich gewesen sei. Ob es nur Schnarchgeräusche waren, lässt er offen. Ich will es auch gar nicht so genau wissen!

Christoph wartet um acht Uhr vor der Herberge auf uns. Während er an einem Brötchen mümmelt, laufen wir ungefrühstückt los. In einem ständigen Auf und Ab von Tineo (670m) über Campiello (610 m) nach Pola de Allande (530 m) haben wir heute etliche Höhenmeter zu überwinden. Kurz hinter Tineo geht es steil bergauf. Christoph setzt sich ab. Der Nebel wird immer undurchdringlicher, sodass wir an einer Kreuzung rätseln, welcher Richtung der Camino folgt. Wir überqueren die Kreuzung, setzen unsere Rucksäcke ab und nehmen auf einem querliegenden Baumstamm sitzend unser Frühstück ein. Derweilen laufe ich ein paar Meter zurück und erforsche die Hinweisschilder aus der Nähe. Die Intuition war richtig, denn der Camino verläuft nicht geradeaus, sondern einen ganz schmalen steilen Pad rechts herunter durch einen Wald. Ich fühle mich jetzt schon fünf Kilometer vor Campiello platt. Entsprechend mühsam kraxele ich nach dem Abstieg den asphaltierten Weg hinauf. Das nebulöse Wetter drückt auf die Stimmung, zumindest auf meine. Freddy scheint es trotz der weitge-

hend schlaflosen Nacht nichts auszumachen. Ich bin froh, als wir nach knapp vier Stunden vor der Casa Herminia, einer der Herbergen im Ort, eine Kaffeepause einlegen. Ein Eis im Hörnchen dazu vertreibt die Melancholie weitgehend. Vielleicht waren es Entzugssymptome. Zu Hause verzehre ich jeden Mittag ein Eis, bevorzugt Nogger.

Schon bald nachdem wir unsere Rucksäcke geschultert haben, verzieht sich der Nebel. Die Stimmung wird bei herrlichem Sonnenschein und nicht zu hohen Temperaturen geradezu euphorisch. Eine Dreiviertelstunde hinter Campiello müssen wir uns wie alle Pilger entscheiden: Nehmen wir die traditionelle Ruta de Hospitales oder den sechs Kilometer weiteren Weg über Pola de Allande? Der Gipfel der Hospitales Route liegt mit 1220 Metern nur unwesentlich höher als der Puerto del Palo mit 1146 Metern, an dem sich beide Wege treffen. Der Unterschied besteht im Wesentlichen darin, dass man auf der Hospitales Route allen Unbillen der Natur und des Wetters ausgesetzt ist. Über vierzehn Kilometer verläuft der Weg durch nicht zivilisiertes, karges Gebiet. Es gibt keine Unterstellmöglichkeit bei Regen. Blitzen ist man bei Gewitter schutzlos ausgeliefert. Bei Nebel besteht allerhöchste Gefahr, sich zu verlaufen. Aus diesem Grunde waren im Mittelalter auf dieser Route Pflegestationen (Hospitales) eingerichtet, um verletzten Pilgern zu helfen.

Wir haben uns mit dem Weg über Pola de Allande längst entschieden. Das

heißt, wir werden den Gipfel Puerto del Palo – so Gott will - morgen erreichen. Christoph, der inzwischen zu uns aufgeschlossen hat, ist die Hospitales Route bereits vor drei Jahren gepilgert.

Die Fortsetzung des Caminos nach der Abzweigung zur Hospitales Route ist anstrengend, aber nur noch schön. Im ständigen rauf und runter geht es über grüne Hügel, durch idyllische Hohlwege, an Weilern vorbei über Holzbrücken. Kleine schattige Wälder wechseln sich mit satten Weiden ab, auf denen grasende Kühe mit ihrem Glockengebimmel die friedliche Stimmung unterstreichen. Rosen, Hortensien und Margeriten säumen den Weg. Auf einer Bank sehen wir Davide allein sitzend. Er wirkt erschöpft, traurig und einsam. Der kleine Italiener sagt, er werde morgen wahrscheinlich vorzeitig abreisen.

Wir sind heute Nachmittag deutlich dynamischer als heute Morgen, sodass wir unser kleines vorgebuchtes Hotel „La Nueva Allandesa" eine halbe Stunde vor der geplanten Ankunft erreichen. Diesmal klappt alles reibungslos. Für 50 Euro beziehen wir ein geräumiges, sehr gepflegtes und ruhiges Zimmer.

Freddy und ich beratschlagen uns hinsichtlich der kommenden Etappenaufteilung. Wir entscheiden, die morgige Etappe bis Berducedo zu laufen, dann mit dem Taxi nach Grandas de Salime zu fahren und dort nicht wie geplant zu bleiben, um am nächsten Tag wieder zurück nach Berducedo zu fahren, sondern den Camino von Berducedo nach Grandas de Salime einfach zu streichen, die zweite Übernachtung in Grandas de Salime zu stornieren und stattdessen eine nicht geplante Übernachtung bei unserer Camino Endstation in A Fonsagrada einzulegen. Erleichtert wird uns die Entscheidung durch die wenig attraktive Wegführung von Berducedo nach Grandas de Salime weitgehend über Asphalt oder durch den im April 2017 niedergebrannten Forst. Die Überlegung, die Stornierung bereits heute telefonisch vorzunehmen, verwerfe ich schnell wieder. Ich befürchte, die Leute verstehen es falsch und stornieren beide Übernachtungen.

Wie Tineo ist auch Allande ein beschaulicher Ort. Das auffälligste ist ein großes Denkmal zu Ehren der „Indianos". So wurden die reichen Rückkehrer aus Amerika genannt. Das Abendessen nehmen wir in unserem Hotel ein. Zur Abwechslung gibt es eine große Schüssel Macaroni mit einer schmackhaften, gut gewürzten Tomaten-Gemüse-Sauce. Die zuweilen doch sehr fettigen typischen spanischen Hauptgerichte sind manchmal schwer verdaulich. Selbstverständlich entscheidet sich auch Davide als echter Italiener für die Pasta. Versuche, ihn an unseren Tisch zu locken, schlagen fehl. Davide möchte heute – eher nicht italienisch – allein sein. Allerdings bittet er uns, ihn morgen im Taxi mit nach Grandas de Salime mitzunehmen.

Wie fast immer in Spanien flimmert im Hintergrund der Fernseher. Meistens wird irgendein Fußballspiel übertragen. In den Nachrichten sehen wir, wie einem gewissen Herrn Sahin aus Mainz der renommierte Princesa de Asturias Preis überreicht wird. Danach gibt es eine Wettershow. Nahezu jedes Dorf in Asturien, inclusive derer, die wir durchwandert sind, bekommt eine eigene Wetterprognose. Bei Gijón kommt mir wieder die „Schande" in den Sinn. Als ich 1982 das Fußballspiel während der WM sah, hatte ich noch nie etwas von einem Jakobsweg gehört, geschweige denn von einem Camino Primitivo. Ich hatte noch nicht einmal eine Idee, wo dieses Gijón überhaupt liegt.

„Ich habe mir meine besten Gedanken angelaufen und ich kenne keinen Gedanken, der so schwer wäre, dass man ihn nicht beim Laufen loswerden könnte."

- Søren Kierkegaard -

Todeskampf am Gipfel

Pola de Allande – Berducedo – Grandas de Salime
19 km Laufen / 20 km Taxifahrt

Ausgeschlafen und erneut ohne Frühstück schultern wir um acht Uhr unsere Rucksäcke, um die Königsetappe anzugehen. Ein paar Hundert Meter nach dem Start wartet Christoph auf uns. Er hat die Nacht in der neuen Herberge verbracht und erzählt begeistert von dem engagierten jungen Pärchen, das das Haus leitet. Natürlich haben wir für Marschverpflegung und reichlich Wasser gesorgt, denn bis zum Gipfel in knapp neun Kilometer und auch danach gibt es bis Berducedo keine Einkehrmöglichkeit.

Mental und körperlich fühlen wir uns gut vorbereitet auf die Königsetappe. 800 Meter im Auf- und 400 Meter im Abstieg wollen geschafft werden, wobei die letzten 420 Höhenmeter bis zum Pass auf nur 3,5 Kilometer Distanz zurückgelegt werden müssen. Es erscheint nicht übertrieben, wenn man von alpinem Charakter spricht.

Wie ein brodelnder Kochtopf - weit vom Siedepunkt entfernt ragen die Nebelschwaden aus den Tälern heraus. Von Vogelgezwitscher, Kuhglocken und Bachgemurmel begleitet, schlängeln wir uns über die meist unbefestigten Wege die Berge herauf. Auch wenn es schweißtreibend ist, bei angenehmen 14-18 Grad Celsius macht es nur Spaß. Wie bislang bewährt laufen wir auf den kurzen ebenen Strecken zusammen. Wenn es richtig steil wird, läuft der Sportlehrer voraus und wartet, bis ich nachkomme. Christoph liegt irgendwo zwischen uns.

Kurz vor dem Pass wird es karger, vermutlich so, wie es weitgehend auf der Hospitales Route aussieht. Gegen 10.30 Uhr erreichen wir das breite Passplateau des Puerto del Palo, nehmen auf einer der beiden Bänke Platz und lassen die mystische Stimmung auf uns einwirken. Ein leichter Wind sorgt für Frische. Die Sonne

schiebt zaghaft ihre Strahlen durch den Dunst der tief liegenden Wolken. Absolute Ruhe. Außer uns dreien keine weitere Menschenseele. Um uns herum weidende Kühe. In 150 Meter Entfernung beobachten wir wilde Pferde. Wie nah Leben und Sterben beieinanderliegen, erkennen wir an dem Fohlen, das immer wieder verzweifelt auf die Beine zu kommen versucht. Schützend steht die Mutter daneben, ohne helfend eingreifen zu können.

Steil geht es vom Puerto del Palo über schmale Pfade bergab. Loses Gestein erfordert höchste Konzentration. Auf einer Wiese laufen wir an einer Ansammlung verlassener Steinhäuser entlang, die Assoziationen an ein Druidendorf erwecken. Wenn gleich der dicke Obelix um die Ecke kommt, würde ich mich nicht wundern.

Nach dem ständigen bergab gilt es noch eine kräftige Steigung zu überwinden, dann haben wir unser vorläufiges Ziel Berducedo erreicht. Wir steuern das Lokal direkt an der Durchgangsstraße an, wo wir einen Platz unter dem Sonnenschirm ergattern. Der ist auch nötig, denn die Mittagssonne knallt ohne Erbarmen. Von der Zeit her ist es viel zu früh für ein Bier. Was die aufgebrachte Energie angeht, hätten wir uns das Belohnungsgetränk verdient. Lange halten wir uns nicht mit Abwägungen auf und bestellen ein frisch gezapftes, optimal gekühltes Estrella Galicia.

Wir haben gerade den ersten Durst gelöscht, als bekannte Gesichter an unserem Tisch vorbeilaufen: Federico und Pablo. Sie grüßen kurz und gehen weiter. Der Chilene und der Südspanier sind so innig und konzentriert im Gespräch versunken, dass man vermuten könnte, Federico habe sein Vorhaben, ins Kloster zu gehen, verworfen und plane stattdessen eine Gemeinschaftskanzlei mit seinem spanischen Kollegen.

Gegenüber dem Lokal ist die Haltestelle für den Caminobus. Vielleicht können wir auch den nehmen, um nach Grandas de Salime zu kommen. Er fährt nur einmal am Tag und passiert Berducedo erst um 18.00 Uhr. Wenn wir so lange warten und weiterhin in der Sonne Bier trinken, sind wir sturzbetrunken, bis wir unseren Übernachtungsort erreichen. Andererseits haben wir Davide versprochen, ihn im Taxi mit nach Grandas de Salime zu nehmen. Als er um vierzehn Uhr immer noch nicht erscheint, bestellen wir das Taxi.

Das Panorama, das während der Fahrt auf der rechten Seite an uns vorbeirauscht, ist atemberaubend. „Un paesaje favoloso", sage ich, um mit dem jungen Taxifahrer ins Gespräch zu kommen. „Si, muy bonito", antwortet er. „Was aber machst du im Winter, wenn hier im wahrsten Sinne des Wortes der Hund verfroren ist?" „Dann gehe ich in meine Heimat nach Andalusien". Der Besitzer unseres Hotels sei ein bisschen „loco", serviere aber den besten Pulpo weit und breit. „Wenn ihr wollt, kann ich ihn für euch vorbestellen.", schlägt er vor.

Tatsächlich geht er bei unserer Ankunft direkt auf den Jefe zu, um die Pulpa für uns zu reservieren. „Das ist doch gar nicht nötig, wir haben genug davon", ereifert der sich. Wir versehen den engagierten Taxifahrer mit einem angemessenen Trinkgeld und checken ein. „Für morgen ist alles belegt", sagt die Tochter des Jefe. Das trifft sich gut, dann brauche ich die zweite Nacht gar nicht zu stornieren.

Über das dunkle Landhausparkett tragen wir unsere Rucksäcke nach oben, um unser gemütliches Zimmer zu beziehen. Auch hier dominiert die Holz-Ausstattung. Nach der Dusche und dem verspätetem Mittagsschläfchen öffne ich das Fenster zum Kastaniengarten, vernehme lautes italienisches Palaver, dazwischen deutlich sanftere Töne, die mir nicht unvertraut erscheinen. Ich denke, ich habe Halluzinationen, als ich genauer hinschaue. Es ist Davide. Schnell eile ich nach unten, um ihn zu begrüßen. „Was machst du denn hier?", frage ich ihn, „Du wolltest doch mit uns im Taxi herunterfahren!" „Scusa, Thomas, aber ich hatte heute einen so guten Lauf, dass ich einfach die letzten 20 Kilometer wei-

tergewandert bin." Es spricht der gleiche Davide, der gestern noch den Camino abbrechen wollte. Seine heimatlichen Weggefährten stammen aus Ivrea, nahe der piemontesischen Metropole Turin, in der ich 1976 mein Medizinstudium begann. Sie haben schon ordentlich getankt. Dementsprechend intensiv fällt die Verbrüderung aus, für mich fast ein bisschen zu heftig. Freddy und ich ziehen es vor, uns bis auf Weiteres zu verabschieden, um den Ort zu erkunden.

Das, was Grandas de Salime außergewöhnlich macht, ist der Embalse de Grandas de Salime, der größte Stausee Asturiens. Eine riesige Talsperre, die zur Stromgewinnung dient und bei deren Errichtung von 1945 -1954 mehrere Dörfer evakuiert und Tausende von Menschen umgesiedelt werden mussten.

Die Abendsonne wirft ihr warmes Licht auf die kleine Stadt. Wir kosten es nicht weit von unserer Unterkunft auf einer Parkbank aus. Es ist nicht irgendeine belanglose graue Bank. Nein, sie trägt Regenbogenfarben. Wie bereits in Galicien vor einigen Wochen beobachtet, wirbt auch die Provinz Asturien an etlichen Stellen für mehr Toleranz und Vielfalt.

Diversität, Toleranz, kulturelle Vielfalt, Akzeptanz für das Anderssein. Auch in meinem eigenen beruflichen Umfeld würde ich mir zuweilen etwas mehr Gelassenheit wünschen. Kaum ein Kind, das mit 18 Monaten noch nicht frei läuft, bräuchte Krankengymnastik. Nicht jedes Kind, das nicht dem emotionalen Mainstream folgt, ist gleich ein Autist. Ein überdurchschnittlich temperamentvoller Junge muss nicht mit Medikamenten ruhiggestellt werden, damit er ins System passt. Und auch ein Kind, das Traurigkeit verspürt oder Angst hat, muss nicht automatisch die Diagnose „Depression" verpasst bekommen.

„Nur, wer den Weg der Angst entlanggeht, kann wachsen!" Was für ein kluger Satz!. Er stammt von Friedemann Schulz von Thun, emeritierter Professor für Psychologie der Universität Hamburg. Dr. Leon Windscheid, Millionengewinner bei Günther Jauch, Psychologe und Schriftsteller, hat sein wunderbares Buch „Besser fühlen" jetzt auch auf die Bühne gebracht. Bei einer Veranstaltung in Köln erklärte Windscheid, das schwarze Sacco trage er nur, damit man seine Schweißflecken unter den Achseln nicht sähe. „Sobald ich keine Angst mehr verspüre, wenn

ich auf die Bühne muss, werde ich aufhören", versprach er seinem Publikum, um ihm zu erklären, dass er diese Anspannung brauche, damit er ihm gegenüber den gebührenden Respekt aufbringt.

Gelassenheit, Lockerheit und Gleichmut tragen zur besseren Stimmung und Belastbarkeit bei. Gleichmut aber sollte nicht in Gleichgültigkeit übergehen. Gleichmut ist Akzeptanz, Reife und eine innere Ruhe, die einen befähigt, nicht die Fassung zu verlieren. Gleichgültigkeit bedeutet fehlende Empathie, Respektlosigkeit. Mit dem Alter kehrt gewöhnlich eine gewisse Gelassenheit ein. Gleichmut aber stellt sich nicht automatisch ein. Die Balance zwischen Anspannung und Ruhephasen muss stimmen. Vor Kurzem fiel mir auf, dass ich aus nichtigen Gründen zweimal in einer Woche im Ton aggressiv einer Mutter gegenüber war. Es sollte nicht passieren. Und trotzdem passiert es nämlich dann, wenn die hohe Frequenz an Patienten die Balance einseitig verschiebt. Vor allem ärgere ich mich über mich selbst. Es reicht nicht, mich mit einer Entschuldigung zufriedenzugeben. Um die Balance wieder ins Lot zu bringen, muss ich etwas korrigieren, eine Auszeit nehmen. Manchmal reicht ein halber Tag. Gelegentlich muss es ein Camino sein. Ich werde jedenfalls nicht zulassen, dass aus Gleichmut Gleichgültigkeit wird!

Solche oder ähnliche Gedanken kommen mir beim Laufen. Gedanken, die sich unaufgefordert und ungefiltert den Weg durch die grauen Zellen bahnen. Diese einzuordnen und zu deuten - das ist der Grund, warum ich schreibe. Für mich bedeutet das Reflektieren der Reise mit seinen Begegnungen, Emotionen und Assoziationen sowie das Darstellen des Erlebten und Gefühlten, Entspannung und Erkenntnisgewinn zugleich. Ich tauche ab beim Schreiben, entziehe mich für eine Zeitlang der zuweilen verrückten Welt um mich herum, begebe mich auf die Suche nach Wörtern, die zusammen passen. Reiseschriftsteller wie Helge Timmerberg und Andreas Altmann lassen sich immer wieder in ihren Büchern über ihre Motivation zum Schreiben aus. So auch die Autorin Regula Venske - bis zum letzten Jahr Vorsitzende des PEN-Clubs in Deutschland - in ihrem

Buch „Mein Langeoog" mit einer bemerkenswerten Analyse. Auf der Psychotherapie-Fortbildung in Langeoog besuchte ich ein Schreib-Seminar bei ihr: „Schreiben treibt das Bedürfnis, – so wir nicht gerade reich und berühmt werden wollen - uns zu offenbaren. Unseren Gefühlen, unseren Sehnsüchten, aber auch unseren Ängsten und unserer Verwundbarkeit Ausdruck zu verleihen. Und, aber das mag utopisch sein, jemanden zu finden, der nicht nur unsere Sichtweise teilt, sondern sogar das versteht, was wir eigentlich sagen wollten. Jemanden, der unsere Camouflage durchschaut. Denn ebenso, wie wir uns offenbaren wollen, haben wir ja auch gelernt, uns zu verhüllen, uns zu tarnen und mit Wortgeklingel abzulenken von dem, was immer noch ungesagt. Weil es jenseits der Schmerzgrenze nistet."

Am Ende des Seminars schenkte ich Regula ein Exemplar meines Buches „Das Kalkutta Projekt" über meine Zeit bei „German Doctors" in Indien. Sie schrieb mir ihrerseits eine Widmung in ihr Buch über Langeoog: „Für Thomas Schmidt! Sehr herzlich auf Langeoog und: Unbedingt weiterschreiben!" Vor einigen Wochen traf ich Regula erneut bei einer Fortbildung. Wir standen in der Schlange an der Kaffee Bar, als ich sie ansprach. „Schön Dich zu sehen, Thomas", begrüßte sie mich. „Dein Buch von Kalkutta hat einen würdigen Platz in meinem Regal gefunden."

Allzuviel zu sehen gibt es nicht in Grandas de Salime. Am Supermarkt treffen wir Sabine aus Leipzig. Sie ist tatsächlich die erste Deutsche, der wir begegnen. Der sächsische Einschlag im Englischen enttarnt sie. Hört sich sehr lustig an. Warum eigentlich? – Man spricht doch auch von Angelsachsen! An der Iglesia de San Salvador vorbei gehen wir das kurze Stück zurück zu unserer Unterkunft. Wir finden noch ein Plätzchen unter der Kastanie und sind gespannt auf die Spezialität des Hauses.

Wie angekündigt: Die Krake, klassisch galicisch zubereitet mit Öl und Paprika, ist ein Gedicht! - nach dem vegetarischen Menü in Salas bisher das Beste, was man uns kulinarisch aufgetischt hat. Und dabei sind wir noch gar nicht in Galicien. Erst auf der morgigen Etappe nach A Fonsagrada werden wir die Grenze überschreiten!

„No hay palabra mal dicha, sino interpretada"
Es gibt kein falsch gesprochenes Wort, nur falsch interpretierte Wörter.

Noch ein Engel

Grandas de Salime – A Fonsagrada | 26 km

Die Nacht war kurz. Um fünf Uhr geben die Italiener in unserem Nachbarzimmer erneut eine Kostprobe ihres unbändigen Temperaments zum Besten. So, als stünden sie vor unserem Bett. Da es heute sehr heiß werden soll, warten wir nicht mehr lange mit dem Aufstehen und begeben uns nach unten. Ich muss noch in das Restaurant, um etwas Wichtiges zu erledigen, nämlich das Bezahlen. Aus irgendeinem, nicht mehr nachvollziehbaren Grund ist das gestern beim Einchecken nicht passiert. Das Problem ist nur: Das Lokal ist geschlossen. So wird das hier auch nichts mehr mit einem Kaffee. Ich laufe noch einmal nach oben und lege 45 Euro in einen Briefumschlag auf den Nachttisch. Dazu schreibe ich auf einem Zettel einen Kommentar, damit die Putzfrau nicht etwa meint, es handele sich um ihr Trinkgeld.

Davide, den wir zufällig vor dem Haus treffen, Freddy und ich finden ein paar Straßen weiter doch noch ein geöffnetes Café, in dem wir ein klassisches spanisches Frühstück mit flüssigen Tomaten und Olivenöl auf Toast erhalten. Und natürlich einen doppelten Espresso. Ohne den kommt der Italiener nicht in Schwung.

Nach einer kurzen Steigung am Anfang verläuft der Camino im Morgennebel überraschend eben bis ins fünf Kilometer entfernte Castro zwischen Weiden und Feldern. Nach einer kurzen, aber steilen Passage

auf der asphaltierten Straße mündet der Weg durch ein Gatter hindurch in einen Forstweg, der bis auf 1110 m am El-Acebo-Pass ansteigt und uns herrliche Aussichten auf die Gebirge und brodelnden Täler bietet. Kurz danach überqueren wir die recht unspektakuläre asturisch-galicische Grenze. Wir steuern das erste Café in Galicien an, das zu unserer Enttäuschung gar keinen Kaffee anbietet. Für ein Bier ist es zu früh. Daher begnügen wir uns mit Wasser und den mit Ibericoschinken belegten Baguettes aus unseren Rucksäcken. Sabine aus Leipzig leistet uns Gesellschaft. Sie ist froh, heute in A Fonsagrada endlich mal wieder in einem Hotelbett schlafen zu können, das ihre Freundin vorgebucht hat. Auch Freddy und ich sehen der Ankunft in A Fonsagrada gelassen entgegen, da wir einen Platz in der Herberge Cantabrico reserviert haben, – wenn, ja wenn mit der Buchung nicht doch noch was schief gelaufen ist.

Vor unserer Ankunft kommen wir bei mittlerweise fast 30 Grad Celsius über die Rampe zu dem auf einem Hochplateau (952m) liegenden Ort A Fonsagrada (1100 Ew) noch einmal richtig ins Schwitzen. Dann haben wir den Abschluss unseres Caminos geschafft!

Das Hostal Cantabrico, zu der auch eine Pension gehört, liegt mitten in der Stadt. Die Rezeption ist bei unserem Eintreffen nicht besetzt. Wir drücken daher auf die Klingel an der Theke, um auf uns aufmerksam zu machen. Es dauert nicht lange, bis ein Mann erscheint und uns freundlich begrüßt.

Als wir unsere Namen nennen, schaut er in eine Liste und schweigt lange. Zu lange! „Für wann habt ihr gebucht?", fragt er schließlich. „Für heute Nacht", schießt es aus uns heraus. „Ihr steht für morgen auf meiner Liste", antwortet er gelassen, ohne auch nur geringste Zweifel an seiner Aussage aufkommen zu lassen. Gelassenheit drückt sich in unseren Gesichtern eher nicht aus. Wir wollen von ihm wissen, wo wir in der Stadt noch unterkommen können. „Ganz A Fonsagrada ist heute ausgebucht", bedauert er. „Am besten nehmt ihr den Bus nach Lugo und schaut, ob ihr dort etwas findet." Mittlerweile hat das Quecksilber die 30 Grad deutlich überschritten. Der kreative Vorschlag des Rezeption-Mannes löst bei uns etwa eine Begeisterung aus, wie die Ankündigung eines neuen Lockdowns. Zumal es nicht einmal sicher ist, ob heute noch ein Bus in die 50 km entfernte Provinzhauptstadt Lugo fährt.

„Wow, heimatliche Klänge", hallt es oben von der Treppe her, nachdem der Mann an der Rezeption bereits wieder verschwunden ist. „Ich bin Stefanie! Meine Heimat Gevelsberg liegt nicht weit von Bochum entfernt. Aber das brauche ich euch ja nicht zu erklären". An meinem verschwitzten VfL-Trikot hatte sie unsere vermeintliche Herkunft ausgemacht. „Seit vielen Jahren wohne ich jedoch in Köln Nippes, da ich beim WDR arbeite". Das Mitteilungsbedürfnis der attraktiven jungen Frau ist groß, aber wie sich später herausstellt, wird es uns noch sehr nützlich sein.

„Hier lässt es sich aushalten", setzt sie ihre Ausführungen fort. „Das hört sich gut an, leider nutzt es uns wenig", erkläre ich ihr unser noch nicht verdautes Missverständnis mit der Rezeption. „Ich habe mit meiner Freundin oben ein schönes Apartment bezogen. Direkt mit unserem Zimmer ist noch ein Raum verbunden, in dem zwei Betten stehen. Von uns aus könnt ihr dort gerne schlafen, fragt doch einfach mal nach. Mein vollständiger Name

ist Stefanie Vollmann!". Sie spricht es mit einer Selbstverständlichkeit aus, die man so nicht erwarten würde. „Wir sehen uns im Ort", verabschiedet sich Stefanie relativ geräuschlos.

Freddy und ich sehen uns entgeistert an. „Ist das der Camino-Spirit?", fragen wir uns beide unausgesprochen. Ich schicke meinem Sohn Luca, der auch beim WDR arbeitet, eine WhatsApp-Nachricht: „Kennst du Stefanie Vollmann?" „Leider nicht, Papa", erhalte ich eine rasche Antwort aus Köln zurück.

Das Internet hilft weiter. Dort sind einige interessante Reportagen von Stefanie veröffentlicht. Für 12 Euro dürfen wir das Zimmer problemlos buchen. In der nahe gelegenen Bar können wir uns bei Stefanie für ihre Selbstlosigkeit mit einem Drink bedanken und Geschichten aus der Heimat austauschen. Sie spricht ein exzellentes Spanisch, da sie mehrere Jahre mit einem Kolumbianer in Paris gelebt hat. Das schmackhafte Pilgermenü im Restaurante Cantabrico auf der Hauptstraße bietet klassische galicische Spezialitäten. Es bildet einen gelungenen Abschluss für einen am Ende doch noch erfolgreichen Tag!

*„Jeder, der sich die Fähigkeit erhält, Schönes zu erkennen,
wird nie alt werden."*

- Franz Kafka -

Die Sonne blinzelt durch unser Fenster, als ich mir ausgeruht den Schlaf aus den Augen wische. Keine Morgendämmerung - die haben wir verschlafen - sondern grelles Licht erhellt unser Zimmer. Der zurückgezogene Vorhang gibt die Sicht durch die Scheibe frei, die die beiden Schlafräume verbindet. Vorsichtig wagen wir einen verstohlenen Blick durch das Fenster. Der Anblick schöner Frauenkörper bleibt uns verwehrt. Stattdessen: Zurückgeworfene Bettdecken und gähnende Leere. Längst sind die Damen aufgebrochen, um ihren Pilgerweg in Richtung Castroverde fortzusetzen.

Unsere Recherchen haben ergeben, dass der Bus erst um 10.15 Uhr nach Lugo fährt. Wir haben somit reichlich Zeit, uns frisch zu machen für die große Stadt. Da es keine offizielle Haltestelle gibt, müssen wir uns durchfragen, wo der Bus üblicherweise seine Passagiere aufnimmt. Dieser Platz befindet sich mitten auf der Hauptstraße, wie sich herausstellt. Das Café gegenüber ermöglicht es uns, die Wartezeit mit einem kleinen Frühstück zu überbrücken.

Der Bus kommt überpünktlich und lässt dem Busfahrer Zeit, vor der Abfahrt noch zwei Zigaretten zu rauchen. Außer uns steigen zwei weitere Passagiere ein, bevor es gemächlichen Tempos aus der Stadt herausgeht. Auf der Landstraße angekommen, führt der serpentinenartige Weg fast nur noch steil bergab. Mit der Gemütlichkeit ist es nunmehr vorbei. Atemberaubende Aussichten auf Berge und nebelgetränkte Täler geben einen Vorgeschmack auf das, was uns im nächsten Jahr bei der Vollendung des Camino Primitivo erwartet. Das Vergnügen ist einstweilen gespalten. Das Affentempo, mit dem der Busfahrer in die Kurven geht, führt unweigerlich dazu, dass meine Handinnenflächen den Augen ausgedehnte landschaftliche Genüsse verwehren. Und es entführt mich gedanklich 40 Jahre zurück nach Mittelamerika. Fast hätte mich solch eine Höllenfahrt dort mein Leben gekostet. Das Schicksal meinte es gut mit mir.

Mein Aufenthalt in Guatemala Ciudad war abgelaufen. Die vierwöchige Famulatur hatte mir als Student Einblicke in die medizinische Welt gebracht, wie es in Deutschland niemals möglich gewesen wäre. Voller Ehrfurcht sah ich den Studenten in meiner ersten Nacht im Roosevelt Krankenhaus zu, wie sie eine Geburt nach der anderen durchführten. Nach drei Stunden fordert Ernesto mich auf: „Übernimm du die Nächste!" „No, queda aqui, Ernesto, por favor, no me deja solo". Flehentlich versuchte ich meinen Kollegen davon abzuhalten, mich allein zu lassen. Meine Worte verhallten im Raum. Längst hatte Ernesto den Kreißsaal verlassen, um sich an anderer Stelle nützlich zu machen. „Empuje, mi hija, empuje", „Pressen, pressen", flehte ich die junge Indigene Frau an, so wie ich es von Ernesto gelernt hatte. Nichts half. Das Baby wollte nicht aus dem Geburtskanal. – Mein Problem: Es blieb keine Zeit zum Nachdenken. Voller Adrenalin tat ich das, was ich vor zwei Stunden zum ersten Mal in meinem Leben gesehen hatte. Mit zittriger Hand nahm ich die sterile Schere und führte einen seitlichen Dammschnitt durch. Learning by Doing. Es funktionierte. Ich funktionierte. Welch eine Erlösung, als ich den ersten Schrei des Babys hörte und auch die glückliche Mama noch atmete!

Meine nachhaltig beeindruckende Zeit in einer anderen Welt ging zu Ende - insbesondere das Wochenende am Amatitlansee bei den indigenen Familien mit ihrem stolzen Habitus und den prachtvollen, farbenfrohen Kleidern haben sich eingeprägt. Ich fuhr in den Norden Guatemalas, um von dort aus den Bus nach Tegucigalpa zu besteigen. Mein Ziel war Managua, die Hauptstadt Nicaraguas, das sich gerade von seinem Diktator Somoza befreit hatte und die Folgen eines verheerenden Erdbebens verkraften musste. Dort würde ich der Einladung eines Kollegen, den ich während der

Famulatur im Roosevelt Krankenhaus kennengelernt hatte, in das Haus seiner Familie folgen wollen.

Die Trödelei auf dem Markt der Grenzstadt zwischen Guatemala und Honduras führte dazu, dass mir der Bus in die honduranische Hauptstadt gerade vor der Nase davonfuhr. Zwei Stunden später folgte der nächste, in dem ich nunmehr problemlos ein Ticket erhielt. Die kurvenreiche Fahrt durch das honduranische Gebirge ließ mich zweifeln, ob ich jemals in Tegucigalpa ankommen würde. Auf dem Gipfel hielt der Bus an, – wahrscheinlich eine staatlich verordnete Pause, – dachte ich.

Der Busfahrer bewegte sich gezielt an den Rand des Abhangs und erstarrte. Was wir zu sehen bekamen, ließ uns den Atem stocken: Der Bus, den ich verpasst hatte, war den steilen Felsen heruntergestürzt. Am folgenden Tag las ich in Tegucigalpa in der Zeitung die traurige Nachricht von 27 Toten.

Wir passieren O Cádavo und Castroverde, Ortschaften, die wir im kommenden Jahr pilgernd durchqueren wollen. Hinter Castroverde wird es flacher. Bis zur Ankunft in Lugo hat sich mein aufgewühltes

Nervenkostüm wieder erholt. Der Weg vom Busbahnhof in die von einer römischen Mauer umgebene historische Innenstadt ist nicht weit, vielleicht eineinhalb Kilometer. Ganz in der Nähe der Kathedrale, inmitten des Altstadttrubels, finden wir unser vorgebuchtes Hostal Viatori auf der Rua do Mino. Das 2000 Jahre alte Lugo beeindruckt auf Anhieb mit seinen verwinkelten Gassen, hübschen Arkaden und belebten Plätzen, die zum Verweilen einladen. Klein Santiago - ein Vorgeschmack auf unser Pilgerziel! In einem der netten Cafés nehmen wir Platz, um auf den Einlass in unsere Unterkunft zu warten. Es ist gerade einmal 12.00 Uhr. Kein Wunder, dass es noch verschlossen ist. Der Betreiber kommt von auswärts. Er verspricht am Telefon in einer halben Stunde da zu sein. Paolo hält Wort und führt uns in die oberste Etage, in der wir ein sonnendurchflutetes Zimmer mit Parkettdielen und zwei Einzelbetten mit blütenweißer Bettwäsche beziehen dürfen. Ein Traum, – die ganze Etage gehört uns. Der Preis von 53 Euro erscheint mehr als angemessen.

Von Lugo aus gibt es zwei Möglichkeiten mit öffentlichen Verkehrsmitteln nach Santiago zu gelangen: Direkt mit dem Bus oder per Umsteigen mit der Bahn. Nach dem noch sehr präsenten Busfahrterlebnis heute Morgen, entscheiden wir uns für die kompliziertere Variante und machen uns auf zum Bahnhof, um die Tickets für morgen früh zu sichern. Auf dem Rückweg werden unsere Blicke in der Altstadt auf ein Denkmal gelenkt, das römische Soldaten mit einer Aufschrift zeigt: „Lucus Augusti". So nannten die Römer zu Ehren ihres Kaisers die Stadt. Der heutige Name der Stadt

leitet sich von dem Begriff Lucus ab. Dieser wiederum geht auf einen keltischen, dem Sonnengott Lueg geweihten Tempel zurück.

Selbstverständlich lassen wir uns eine Umrundung der aus dem dritten Jahrhundert n. Chr. stammenden Muralla Romana nicht entgehen. Sie gehört seit dem Jahr 2000 zum UNESCO-Weltkulturerbe. Mit 2,117 km Länge umschließt sie die gesamte Altstadt und stellt somit die größte und einzig komplett erhaltene römische Stadtmauer dar. Am Nachmittag schaffen wir es noch, die gegenüber der Porta de Santiago liegende Catedral de Santa Maria zu besichtigen. Wie so oft ziert die Porta einen Helden, der eigentlich kein Held ist. Es stellt Santiago, also Jakobus, mit einem Schwert hoch zu Ross als Matamoros, den Maurentöter dar. Das Besondere an der Kathedrale ist der barocke Hochaltar mit dem Privileg der „ewigen Anbetung". Ein solches hat in Spanien sonst nur noch die Kathedrale von Toledo. Seit 600 Jahren wird ununterbrochen am Hochaltar ein Gebet vor dem allerheiligsten Sakrament gehalten. Tag und Nacht!

Nachdem ich traditionsgemäß das übliche Souvenir, - eine Espressotasse - besorgt habe, werfen wir uns ein letztes Mal ins abendliche Getümmel. Hier spielt sich wie überall in den Altstädten Spaniens bis zu später Stunde das pralle Leben auf den Straßen ab. Um den mittelalterlichen Brunnen herum sitzen die Menschen im Licht der untergehenden Sonne laut gestikulierend vor ihren Tapas, frönen dem Rot- oder Weißwein, mittendrin wuseln Kinder zwischen den Beinen der Erwachsenen.

Viva La Vida!

Nach etwas über einer Stunde fährt der Zug in den Sackbahnhof von A Coruña ein, neben Ferrol Ausgangspunkt des Camino Inglés, dem kleinsten abgeschlossenen Jakobsweg in Spanien. 2017 lief ich ihn mit meinem Bruder Stefan. Wir nutzen die Pause für ein erstes Frühstück und erreichen Santiago gegen 11.30 Uhr. So bleiben uns noch etwas mehr als zwei Stunden für eine kurze Stadtbesichtigung unseres Pilgerziels.

Da ich schon mehrmals über verschiedene Jakobswege nach Santiago gelangt bin, kenne ich mich inzwischen gut aus. Wie vor drei Wochen, als ich mit Kerstin vom Camino Portugues hier ankam, steuere ich als erstes natürlich den Praza do Obradoiro an – immer wieder bietet sich dem Ankömmling ein faszinierendes Bild mit den auf dem Pflaster liegenden erschöpften Pilgern aus aller Herren Länder. Noch ist der Platz um diese Stunde nur spärlich bevölkert. Bei herrlichem Sonnenschein strahlt jedoch die barocke Fassade der Kathedrale bereits würdevoll in ihrem vollständigen, sauber gebürsteten Ornament. Wieviele Jahre mussten wir sie mit einem Gerüst verdeckt betrachten, bis sie schließlich pünktlich mit Beginn des Heiligen Jahres komplett renoviert war. Noch immer kann man die Kathedrale jedoch nur von der Hinterseite über die Heilige Pforte betreten. Auch das ist für uns am heutigen Tage Utopie, allzu lang ist die Schlange der um Einlass bittenden Menschen. Vielleicht ist es aber auch ein Zeichen, dass wir gefälligst erst pilgernd unseren Camino hier zu Ende bringen sollten, bevor wir einen Schritt in das berühmte Gotteshaus machen.

Schon aktiv ist bereits der Gaitaspieler unter dem Torbogen, der zur Praza do Obradoiro führt. Mit den keltischen Klängen des Instrumentes im Ohr verlassen Freddy und ich schlendernd die mittelalterlichen Gassen der Altstadt, um unseren Flughafenbus hinter der Praza do Galicia zu besteigen. So wie damals, als ich in Santander meine Karbonstöcke nach dem Camino del Norte in Spanien lassen musste, landen auch diesmal unter den strengen Blicken der Kontrolleure am Flughafen unsere Stöcke im Mülleimer. Wir haben noch reichlich Zeit bis zum Abflug, die wir uns weitgehend schweigend ein letztes Mal mit einer Flasche Estrella Galicia vertreiben. Es scheint so, als wäre jeder von uns bereits bei der gedanklichen Verarbeitung unserer intensiven gemeinsamen Erlebnisse in der letzten Woche.

Das Christkind

Längst war wieder der Alltag eingekehrt. Freddy ging seiner Arbeit im Gymnasium nach, ich meiner Versorgung der Kinder in der Praxis. Schon einige Wochen nach unserer Rückkehr hatte Corona uns wieder im Griff. Masken, Testen, Impfen, Lockdown ... fast alles drehte sich erneut um das lästige Virus mit seinen wechselnden Varianten. Einer wusste immer ganz genau, was zu tun war und erklärte uns die Welt um Corona bei Markus Lanz. Seit der Bundestagswahl ist er Gesundheitsminister und auch er erscheint zuweilen verunsichert, verkündet heute dieses und morgen das Gegenteil. Auch wenn Kontakte beschränkt werden mussten, wir sehnten uns nach Weihnachten, wir freuten uns auf Ruhe und Besinnung, durchzuatmen, Zeit mit der Familie zu verbringen. Gerade waren wir dabei in der Küche Vorbereitungen für den Heiligen Abend zu treffen, als es an der Tür schellte. Wer würde uns jetzt um diese Zeit besuchen wollen? Ich hatte keinen blassen Schimmer.

Eine winzige, vielleicht 80 cm große Dame stand vor mir, nachdem ich die Tür geöffnet hatte. In den Händen, so klein, trug sie ein Paket. „Das wird das Christkind sein", dachte ich für einen Moment. Doch der Mann neben dem Christkind, das war nicht der Weihnachtsmann. So viel wusste ich. Das war Freddy, mein Freund. Und auch das kleine Mädchen kannte ich. Es war Cleo, seine Prinzessin, die jüngste und einzige nach drei Prinzen.

„Kommt herein, lasst uns etwas trinken", sagte ich. Das Christkind aber hatte keine Zeit. Es gab noch so viel zu tun. Auch andere Menschen wollten beschenkt werden. So nahm ich dem Christkind das Paket aus den Händen und öffnete es. Wieder einmal wurde mein sensibles Gemüt auf eine schwere Probe gestellt. Mit allem hatte ich gerechnet, nicht aber damit: Ein neues Decathlon-Reisehandtuch ... „damit du dich auf den noch folgenden Caminos nicht mehr mit dem T-Shirt abtrocknen musst ..."

Liste der Unterkünfte:

Gran Hotel Oviedo
Calle Jovellanos 2
Tel 0034 984114000

Hotel Auto Bar Grado
Calle Florez Estrada
Tel 0034 985751127

Salas
Albergue La Campa
Plaza de la Campa
Tel 0034 984885019

Tineo
Albergue La Plaza
Plaza del Ayuntamiento 3
Tel 0034 684614517

Pola de Allande
Hotel La Nueva Allandesa
Calle Donato Fernandez 3
Tel 0034 985807027

Grandas de Salime
Hostal Bar Occidente
Calle Antonio Machado s/n
Tel 0034 659123467

A Fonsagrada
Albergue Pension Cantabrico
Rua Ron 5
Tel 0034 669747560982350

Lugo
Hostal Viatori
Rua do Mino 24
Tel 0034 618932823

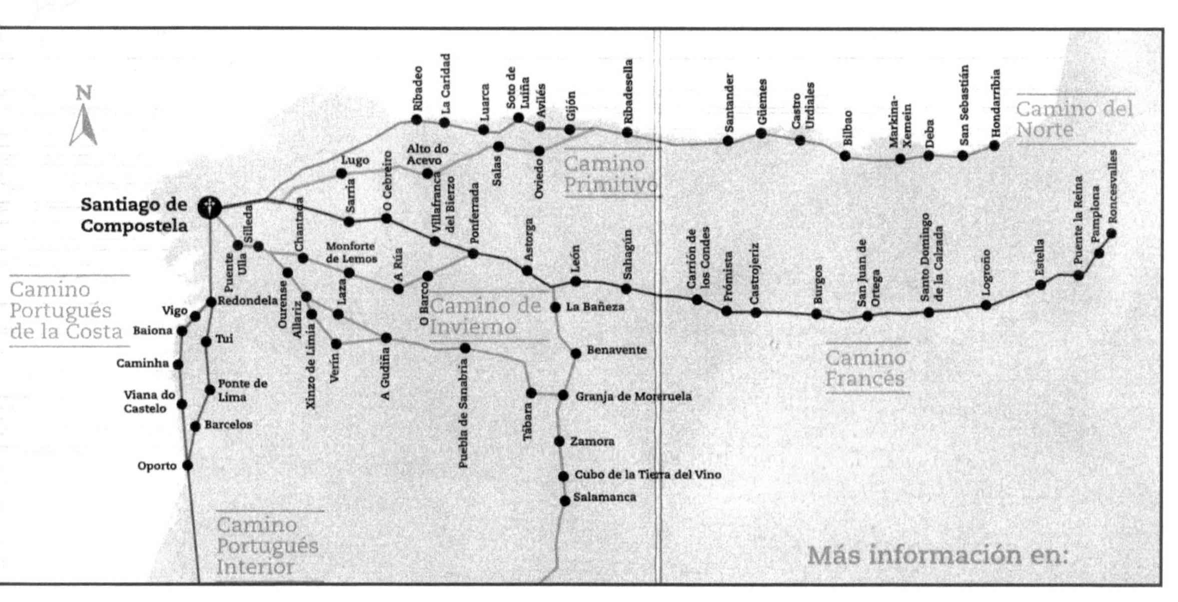

N
Santiago de Compostela
Camino Portugués de la Costa
Camino Portugués Interior
Camino de Invierno
Camino Primitivo
Camino Francés
Camino del Norte
Más información en:

Vigo
Baiona
Caminha
Viana do Castelo
Oporto
Redondela
Tui
Ponte de Lima
Barcelos
Puente Ulla
Silleda
Ourense
Allariz
Xinzo de Limia
Verín
A Gudiña
Laza
Chantada
Monforte de Lemos
A Rúa
Sarria
O Cebreiro
Lugo
O Barco
Villafranca del Bierzo
Ponferrada
Puebla de Sanabria
Tábara
Alto do Acevo
Ribadeo
La Caridad
Luarca
Salas
Soto de Luiña
Avilés
Oviedo
Gijón
Ribadesella
Astorga
León
Sahagún
La Bañeza
Benavente
Granja de Moreruela
Zamora
Cubo de la Tierra del Vino
Salamanca
Santander
Güemes
Castro Urdiales
Bilbao
Markina-Xemein
Deba
San Sebastián
Hondarribia
Carrión de los Condes
Frómista
Castrojeriz
Burgos
San Juan de Ortega
Santo Domingo de la Calzada
Logroño
Estella
Puente la Reina
Pamplona
Roncesvalles

Fehlstart

Bocholt – Santiago – Lugo

Bevor sie begonnen hatte, war unsere Pilgerreise auf dem Camino Primitivo am Morgen unseres Abreisetages bereits beinahe beendet.

„Nörgens bäter as in Bokelt ", so lautet der Leitspruch der Alteingesessenen in der Westmünsterländer Kleinstadt an der niederländischen Grenze, in der ich seit über 30 Jahren wohne. Um Missverständnisse zu vermeiden: In Bocholt habe ich meine berufliche Existenz gefunden. Hier sind meine Kinder aufgewachsen. Ich mag das ländliche Umfeld, die Nähe zu Holland und auch den hübschen Kern der Stadt mit dem Rathaus aus der Zeit der niederländischen Renaissance sowie den lebendigen, bunten Wochenmarkt. Keine Frage: Hier lässt es sich leben! Aber nörgens bäter? Nein, das geht mir zu weit. Frei übersetzt: Was soll ich woanders, wenn hier in Bocholt ohnehin alles besser ist. Als Zugezogener aus dem Umfeld von Bochum fiel es mir immer schwer, derartiges Gedankengut zu verinnerlichen. Dennoch bin ich davon überzeugt, dass die allermeisten Einwohner in Bocholt hoch erfreut waren, als nach Jahren leerer Versprechen endlich eine neue Zugverbindung existierte, die die Stadt ein gutes Stück aus ihrem provinziellen Dasein befreite. Durch die Elektrifizierung der Bahnstrecke war es seit kurzem möglich, auf direktem Wege ohne Umsteigen von Bocholt nach Düsseldorf zu gelangen. Immerhin - auch wenn in der Hymne meines Lieblingsvereins vor jedem Ligaspiel provokant die Frage aufgeworfen wird: „Wer wohnt schon in Düsseldorf?"

Mit unseren Zugtickets in der Hand stehen wir um 7.30 Uhr erwartungsfroh auf dem Bahnsteig. Das Abenteuer kann beginnen. Kerstins Tochter Hanna, die uns heute Morgen hierher gefahren hatte, sitzt bereits im Auto, um möglichst schnell die am heutigen Samstagmorgen allzu früh abgebrochene Nachtruhe wieder aufzunehmen. Fünf Minuten vor der geplanten Abfahrt starren Mitreisende am Bahnsteig gebannt auf ihr

Handy, um im folgenden Moment frustriert zu verkünden: „Der Zug nach Düsseldorf fällt heute aus."

Viel Zeit zu überlegen bleibt nicht. Ich lasse meinen Rucksack auf den Boden fallen, renne laut ihren Namen rufend auf Hannas Auto zu und schaffe es so gerade noch, sie vom Weiterfahren abzuhalten. „Was ist los?" fragt sie verwundert. Kerstin und mir war klar, dass sie unsere einzige Chance ist, wenn wir den Flieger in Frankfurt noch erreichen wollten. „Kannst du uns nach Duisburg bringen?" rufen wir ihr zu. Sie zögert nicht lange, fordert uns auf, die Rucksäcke ins Auto zu werfen und einzusteigen. Eine gute halbe Stunde später stehen wir auf dem Bahngleis des Duisburger Hauptbahnhofes und weitere 90 Minuten später fahren wir in den Bahnhof des Frankfurter Flughafens ein. Chaotische Zustände, wie von vielen Flughäfen zu Beginn der Schulferien berichtet, finden wir hier nicht vor. Es kehrt Ruhe in unserem Gedankenchaos ein.

Im Lufthansa-Flugzeug nach Santiago sitzt Kerstin in der Reihe hinter mir. Den Platz neben mir nimmt eine mittelgroße Frau, etwa Mitte Dreißig ein. Soweit nichts Besonderes. Erschrocken macht mich ihr kalkweißes Hautkolorit, so als müsste sie sich im nächsten Moment in hohem Bogen übergeben. Starr sind ihre Augen nach vorne auf ein imaginäres Ziel gerichtet. Ihre Hände zittern, ihre Herzfrequenz dürfte bei mindestens 140/Min liegen. Präzise weiß ich es nicht. Es wäre übergriffig, wenn ich ihren Puls messen oder ihr den kalten Schweiß von der Stirn wischen würde. Dafür kenne ich die Dame zu kurz, genaugenommen kenne ich sie überhaupt nicht. Bisher habe ich noch kein einziges Wort mit ihr gesprochen. Vielleicht sollte ich vorsorglich den Notfallkoffer bei der Crew ordern. Vor einigen Jahren war hoch über den Wolken ein Mann hinter mir bewusstlos geworden und kollabiert. Daher weiß ich, was so ein Survival-Kit enthält. Ehrlich gesagt: Nicht viel! Die Ansage „Gibt es einen Arzt an Bord?" konnte mich nicht kalt lassen. Schließlich saß der Mann direkt hinter mir. Das, womit ich am ehesten etwas anfangen konnte, war ein Nitrospray und ein Asthmaspray. Hochdosiert brachte ich das Nitrospray zur Anwendung und erlebte ein kleines Wunder. Der Mann war plötzlich wieder ansprechbar und vital – so, als wäre nichts passiert. Vielleicht hatte er zuvor hyperventiliert und fühlte sich jetzt beruhigt, nachdem sich jemand um ihn gekümmert hatte. Mir blieb somit zum Glück erspart, was einer befreundeten Gynäkologin passiert war. Sie ließ bei einem Zwischenfall an Bord das Flugzeug in London notlanden.

Eventuell versuche ich es mal mit Reden: „Geht es Ihnen nicht gut, kann ich Ihnen helfen?" „Ach lassen Sie mal, vielen Dank, ich habe nur wahnsinnige Flugangst", antwortet die Frau. Entspannungsübungen, wie autogenes Training kann ich ihr kurzfristig nicht beibringen, Hypnose beherrsche ich nicht.

Ich verwickle sie in ein Gespräch und merke wie sie allmählich ruhiger wird. Und ich höre ihr nicht einfach nur aus therapeutischen Gründen zu, sondern vor allem, weil sie Interessantes mitzuteilen hat. Wenn sie als Pilgerin nach Santiago fliegen würde, wäre es nichts Ungewöhnliches. Sie aber fährt in den Norden Galiciens, um ihre deutsche Freundin Nicole zu besuchen, die mit ihrem Mann dorthin ausgewandert ist. Das weckt meine Neugierde.

„Granca de Calor" heißt die alte Farm, die die beiden umgebaut haben und die sie ökologisch bewirtschaften wollen. Das Spannende daran ist die Tatsache, dass „Granca de Calor" am Camino del Norte liegt und auch Plätze zur Übernachtung anbietet. Meine Nachbarin hat keine präzise Vorstellung, wo genau sie von Santiago aus hin muss. Nachdem ich aus dem Flugzeug bin, google ich es und finde heraus, dass sich die Farm kurz hinter der Abbiegung vom Meer ins Landesinnere zwischen Ribadeo und Lourenza befindet. Ich bin sicher, wenn ich den Camino del Norte irgendwann fortsetze, werde ich hier Halt machen.

Unser Flieger landet sanft um 16.10 Uhr in Santiago. Der Notfallkoffer findet keine Verwendung!

Allzu viel Zeit bleibt uns nicht, um vom Flughafen aus den Busbahnhof in Santiago zu erreichen. Dort wartet der Bus, der uns zu unserem heutigen Etappenziel nach Lugo bringen soll. Wir suchen daher unverzüglich nach einem Taxi. Warum nicht den Bus in die Stadt nehmen, wenn er gerade startbereit vor dem Eingang zum Flughafen steht? Ohne lange nachzudenken steigen wir ein. Von Haltestelle zu Haltestelle werden wir nervöser, denn die Zeit läuft uns davon.

Drei Minuten vor der geplanten Weiterfahrt nach Lugo kommen wir am Zugbahnhof an. Schnell die Rucksäcke aufgeschnallt und dann ab im Spurt zu dem dahinter liegenden Busbahnhof! Das wird verdammt knapp, aber versuchen sollten wir es. Der Schweiß rinnt uns wie versalzene Suppe von der Stirn. Zum Glück sind es nicht die prognostizierten 40 Grad Celsius, sondern ein paar Grade weniger, mit denen wir zu kämpfen haben. Der Busfahrer will gerade den Kofferraum verschließen, als wir im letzten Moment unsere beiden Rucksäcke hineinschmeißen können und mit hochrotem Kopf den Bus besteigen. Mein Gott, welch ein Timing! Wenn das so weitergeht, wird´s eine spannende Reise.

Hinter uns sitzen zwei ältere Franzosen aus dem Elsass, die den Camino Frances gelaufen sind. Sie wollen unseren Bus über Nacht bis zur Endstation in Irun nutzen, um von dort aus mit dem TGV zurück nach Straßburg zu fahren – eine ökologische Variante, die mir schon seit längerem vorschwebt. Aus Zeitgründen ist es jedoch auch dieses Mal wieder eine Flugreise geworden – obwohl der TGV nur fünf Stunden von Irun nach Paris braucht.

Nach zwei Stunden unbeschwerter Fahrt erreichen wir Lugo. Immer wieder ist es erstaunlich, mit welcher Präzision die Busse in Spanien den Zeitplan einhalten. Der Busbahnhof befindet sich unmittelbar außerhalb der römischen Stadtmauer. Daher war es naheliegend, dass die Wahl unserer heutigen vorgebuchten Unterkunft auf eine Pension fiel, die 200 Meter von hier entfernt liegt. Wir finden sie rasch. Jetzt muss nur noch der Code passen, den man uns vor drei Stunden via E-Mail auf unser Handy geschickt hat. Passt! Wir finden Einlass in ein sehr einfaches kleines, aber sauberes Zimmer mit Blick zur Plaza Martines Caraval und machen uns unverzüglich auf den Weg, die Römerstadt zu erkunden. Durch eine Unterführung der Muralla Romana gelangen wir in den inneren Kern des Zentrums.

Der Gang über die längste noch komplett bestehende römische Stadtmauer ist für meine ständige Begleitung, die gleichzeitig auch meine Kulturbeauftragte ist, ein „Muss". Ein konsequentes Abarbeiten aller kulturellen Highlights ist heute jedoch nicht notwendig. Wenn alles normal läuft, sind wir bereits in zwei Tagen wieder hier in Lugo. In welchem körperlichen Zustand – das allerdings bleibt nach den zwei letzten Bergetappen des Camino Primitivo offen.

Allmählich füllen sich die Gassen der hübschen Altstadt mit Menschen

aller Altersklassen, die sich bei lauer Sommerluft am weinseligen Mitei-
nander erfreuen. Wir reihen uns in den immer lauter werdenden Trubel
ein, genießen unsere ersten in den letzten Jahren so liebgewonnenen
Tapas und ziehen uns nicht allzu spät in unsere Schlafgemächer zurück,
um morgen früh fit und ausgeruht unser nächstes Camino-Abenteuer anzugehen.

In der Bäckerei neben unserem Übernachtungsquartier versorgen wir uns mit einem kleinen Frühstück auf die Hand und etwas Marschverpflegung. Beeilen müssen wir uns nicht, denn der Bus-Fahrplan ins etwa 50 Kilometer entfernte A Fonsagrada bietet am heutigen Sonntag nicht viele Optionen an. Wir nehmen den ersten Bus um halb elf Uhr.

Beim Einstieg lernen wir unseren ersten Mitpilger kennen. Der hoch aufgeschossene schlanke Mann mit seinem grünen Rucksack erzählt uns, er sei auf dem Weg zurück nach O Cadavo, wo er gestern am Ende des Pilgerweges keine Unterkunft mehr gefunden habe. Somit sei er gezwungen gewesen, für die Übernachtung mit dem Bus nach Lugo zu fahren. Dass man hier auf dem Camino Primitivo bei der Ankunft keine Schlafstätte findet, ist für mich nichts Neues. Wie oft habe ich im letzten Jahr mit Freddy bei der Bewältigung des ersten Teiles durch Asturien gefürchtet, auf der Straße schlafen zu müssen. Mit Kerstin, die nicht gerne in Massenquartieren mit einer unüberschaubaren Menge an Schnarchern übernachtet - ihr reicht einer, war es für mich ohnehin klar, dass ich einfache Unterkünfte vorbuchen würde. Für uns optimal wären Strecken von 20 – 25 Kilometern. Das lässt sich allerdings nicht immer realisieren, wenn es in diesem Abstand keine kleinen Pensionen oder Hotels gibt. So erwartet uns auf der zweiten Etappe eine zu bewältigende Entfernung von über 31 Kilometern. Bei prognostizierten Temperaturen um die 35 Grad Celsius könnte es von der physischen und mentalen Belastung grenzwertig werden. Alles kann man ohnehin nicht auf dem Camino vorplanen. Und das ist auch gut so. Wie viele spannende Überraschungen habe ich in den letzten dreizehn Jahren auf meinen diversen Caminos schon erlebt!

Peter aus Edinburgh ist auch ein Camino-Junkie. Den Camino Frances ist er mit seinen vierzig Jahren bereits fünf Mal gepilgert. Auch den Camino Portugues mit seiner spirituellen Variante kennt er. Am schönsten von allen Wegen sei der, den er gerade läuft. Planmäßig verlässt er uns in O Cadavo, um seinen gestern unterbrochenen Weg hier fortzusetzen.

Kerstin und ich erreichen A Fonsagrada um 11.30 Uhr. Wie Peter in O Cadavo setze ich hier meinen im letzten Jahr mit Freddy beendeten ersten Teil des Camino Primitivo mit Kerstin fort.

Am Stadtbüro erhalten wir allerlei Informationen über A Fonsagrada und Umgebung. Meine Kulturbeauftragte findet schnell heraus, dass die „heiße Quelle" – so die wörtliche Übersetzung von A Fonsagrada – ihren Namen ursprünglich der Legende verdankt, dass Jakobus einst bei einer armen verwitweten Mutter aufgenommen wurde und dieser aus Dankbarkeit aus dem Brunnen Milch für die Kinder der Mutter fließen ließ. Dadurch, dass A Fonsagrada mit 981 Metern die höchste Gemeinde in Galicien ist, dürfte die Temperatur heute nicht ganz so hoch wie in den Niederungen sein. Gegen 12.00 Uhr starten wir bei immerhin 28 Grad Celsius unseren Pilgerweg.

Nach einer kurzen Strecke über Asphalt landen wir schon bald auf angenehm begehbaren Forst- und Feldwegen mit klarer Sicht und fantastischen Ausblicken auf das galicische/asturische Mittelgebirge. In einem zunächst leichten Auf und Ab ist unsere Stimmung euphorisch. Endlich wieder auf

dem Jakobsweg! Nach knapp zwei Stunden stoßen wir auf einen Platz mit Ruinen und einer Kapelle. Hier stand früher ein von König Carlos II errichtetes Krankenhaus für Pilger, so wie auf der Hospitales Route in Asturien. Mit dem Real Hospital de Montouto haben wir den mit 1025 Meter höchsten Punkt unserer heutigen Etappe erreicht.

Auf dem ersten langgezogenen steilen Abstieg über mehr als 3000 Meter lasse ich mich einfach fallen. Der Bodenbelag ist kaum steinig und weitgehend eben, sodass es mir wenig Mühe macht, Geschwindigkeit aufzunehmen. Das kann nur funktionieren, solange die Knie mitmachen. Kerstin hat bei den Anstiegen keine Probleme, herunter jedoch sind ihre Knie der limitierende Faktor. Sie lässt es daher etwas langsamer angehen. Unten angelangt an einem Gasthaus mit angenehm schattigen Plätzchen warte ich auf sie. Die verdiente Erfrischung durch ein kühles Getränk ist uns leider nicht vergönnt, da das Lokal heute - am Sonntag - geschlossen ist.

Die Temperaturen gehen kaum zurück. Im Gegenteil. Wir haben den Eindruck, dass es eher wärmer wird. Normalerweise hätten wir jetzt bereits unser Ziel erreicht, wenn es möglich gewesen wäre, um sieben Uhr in der Früh zu starten. Da müssen wir jetzt durch...und so fühlt es sich auch zunehmend an. Nachdem wir die Häuseransammlung in O Couto hinter uns gelassen haben, folgt eine nicht enden wollende Rampe. Laut schnaufend und schweißgebadet wünschen wir uns, dass es doch bitte endlich zu Ende sein möge. Der Camino ist jedoch an dieser Stelle gnadenlos. Über einen langgezogenen schattenlosen Feldweg nähern wir uns mühsam unserem Ziel. Mittlerweile setzt die Dämmerung ein und zumindest der fehlende Schatten ist nicht mehr bedeutsam.

Um halb acht laufen wir schließlich an der Herberge vorbei, die sich direkt am Ortseingang befindet. Ein großes Schild „completo" ist nicht zu übersehen. Wie groß wäre der Frust, um diese Zeit hier anzukommen und keine Unterkunft zu haben? – Wie oft habe ich mit Freddy im letzten Jahr das Wort „completo" verflucht, wenn wir mal wieder vor einer ausgebuchten Herberge standen! Völlig erschöpft schätzen wir uns glücklich, bereits vor einigen Wochen ein Zimmer gebucht zu haben. Lange müssen wir nicht suchen. Die Pension „Porta Santa" liegt direkt um die Ecke. Lediglich die Rezeption ist um diese Zeit nicht mehr besetzt. Eine Telefonnummer weist darauf hin, wie wir Einlass bekommen können.

Ich wähle die Rufnummer. Am anderen Ende verspricht eine freundliche weibliche Stimme, dass wir in spätestens 10 Minuten Einlass in unser Zimmer erlangen würden. Nach den üblichen Formalitäten und dem Erhalt des Stempels in unseren Pilgerausweis können wir uns endlich den Dreck und den Schweiß vom Körper spülen....welch ein galaktisches Erlebnis! Unsere heutige Pension am Ende der ersten Etappe lässt keine Wünsche offen.

Einmal unsere ausgelaugten Körper auf der Matratze abgelegt, möchten wir alles andere - nur nicht mehr aufstehen – wäre da nicht das kaum überhörbare Grummeln in der Magengrube. Für die morgen anstehende Königsetappe ist eine Energiereserve vermutlich unabdingbar. Wir schlürfen durch den kleinen Ort O Cadavo, der offiziell Baleira heißt, genehmigen uns in einer Bar das gerstenhaltige kühle Ankunftsgetränk und finden ein rustikales gut gefülltes Lokal, in dem wir mit fettiger, kohlehydrathaltiger Hausmannskost unsere Glykogenspeicher auffüllen können.

Gewissensbisse

O Cadavo - Lugo | 31 km

Mein Gott, habe ich gut geschlafen! Wie ein Stein bin ich gestern Abend ins Bett gefallen. Der Gedanke an eine Fortsetzung des Pilgerweges am folgenden Morgen erschien absurd. Lange musste ich mich mit der Vorstellung nicht beschäftigen. Bevor das Schnorcheln neben mir an Intensität zugenommen hatte, fiel ich in einen komatösen Schlaf.

Wie oft schon habe ich am Ende einer Etappe gedacht, morgen kannst du unmöglich weiterlaufen. Schließlich ging es doch. Und heute? Es gleicht fast an ein Wunder, dass wir heute Morgen wie Lazarus auf die Beine kommen. Das besondere ist, es fühlt sich nicht an, als müssten wir uns überwinden – nein, eine geradezu euphorisch anmutende Aura überkommt uns, als uns die ersten Schritte aus dem Ort heraus rasch auf einen lichtdurchlässigen Waldweg führen, der im feuchten Morgendunst die Strahlen der aufgehenden Sonne absorbiert – eine fast romantische Stimmung. Würde er noch leben – Caspar David Friedrich hätte an dieser Stelle heute Morgen Luftsprünge gemacht.

Die Temperaturen sind mit 15-16 Grad mehr als angenehm und machen ein flottes Vorankommen möglich. Lange dauert es nicht, bis wir unsere Jacken ausziehen und in die Rucksäcke stopfen. Die siebeneinhalb Kilometer bis Castroverde sind ein passender Einstieg in den Tag und lassen Optimismus und Gelassenheit zurückkommen, was die Bewältigung der heutigen langen Etappe betrifft.

Eine erste Pause haben wir uns in Castroverde verdient. Wir nutzen sie mit einem Frühstück gleich in dem ersten Café an der Durchgangsstraße, vor dem es sich schon ein paar junge Pilger bequem gemacht haben. Das gut belegte Bocadillo sowie das klassische spanische Kartoffelomelette sollten eine gute kalorische Grundlage für die kommenden Kilometer sein.

Kurz vor dem Ende der Durchgangsstraße geht es links ab auf den Dorfplatz. „Soll ich ein Foto von euch machen?" fragt uns ein älterer Spanier, als er uns etwas orientierungslos auf dem Dorfplatz erblickt. Gerne nehmen wir das Angebot für ein kleines Andenken an Castroverde vor der Kapelle an.

Ein paar Meter weiter werden wir erneut angesprochen. Ein gebeugt laufender Mann mit Stock und Hut fragt uns, wo wir herkommen. „Alemania", antworte ich knapp. Das ist wie ein Stichwort für ihn. „Ja, ein reiches Land seid ihr .... und versteht euch so gut mit Putin!" wirft er mir entgegen. Scheinbar hofft er, dass er mich damit provozieren und eine heiße Diskussion entfachen kann. „Nein, lass uns bitte nicht über Putin diskutieren", sage ich und deute ihm an, dass wir noch einen langen Weg vor uns haben. Die Enttäuschung ist ihm ins Gesicht geschrieben, ob der verpassten Gelegenheit, den Morgen mit einer politischen Debatte zu bereichern. Und doch kommt ihm noch ein leise murmelndes „Buen Camino" über die Lippen, als wir unseren Weg fortsetzen.

So, wie es aussieht, haben wir die letzten größeren Steigungen hinter uns gelassen und dürfen jetzt über flache Wege laufen, an deren Seiten sich rechts und links Getreidefelder befinden. An einem Gemäuer, hinter dem sich ein Pilgercafé verbirgt, machen wir Rast, um einen kräftigen Schluck aus der Wasserpulle zu nehmen. Die Steigungen mögen abnehmen, die Hitze dagegen wird heute erbarmungslos sein. Bereits jetzt um zwölf Uhr zeigt das Thermometer 30 Grad Celsius an. Und richtig heiß wird es hier im Südwesten Europas erst zwischen drei und vier Uhr. Bedenkt man, dass wir noch über fünfzehn Kilometer bis Lugo vor uns haben, wird das noch ein hartes Stück Arbeit.

Der Mann, der uns anspricht, ist Hitze gewohnt. Er kommt aus der Basilicata. Bilder von Matera, europäische Kulturhauptstadt vor einigen Jahren, mit ihren in Felsen geschlagenen Höhlensiedlungen, tauchen vor meinem imaginären Auge auf, als er von seiner Heimat erzählt. Alberto steht mit seinem roten Rucksack vor uns und quasselt auf uns ein, als würden wir uns Jahrzehnte kennen. Für ihn ist klar: Jeder auf der Welt spricht und versteht Italienisch. Zufällig hat er bei mir Glück gehabt, aber auch andere Mitpilger textet er in seiner Muttersprache zu. Als er herausgefunden hat, dass ich Arzt bin, gibt es kein Halten mehr. Schon lange auf den Nägeln brennende Fragen müssen geklärt werden, z. B. wie man denn medizinisch korrekt Marschblasen behandelt.

Vertieft ins Gespräch mit Alberto habe ich gar nicht mitbekommen, dass Kerstin hinter uns geblieben ist. An und für sich nichts Besonderes auf dem Camino, dass jeder sein eigenes Tempo läuft. Trotzdem möchte ich meine Liebste nicht aus den Augen verlieren und nutze die Gelegenheit, mich von Alberto bis auf weiteres zu verabschieden, um auf Kerstin zu warten. Als sie kommt, wirkt sie erschöpft, legt sich am Eingang eines Waldes auf ein mit Moos bedecktes Mäuerchen. Normalerweise würde sie eine solche Ruhestätte kritischer betrachten, eher eine Abdeckung bevorzugen. Wer weiß, wie viele Käfer und sonstige Kleinstlebewesen sich bei genauer Betrachtung auf dem Untergrund tummeln. Hier ist es ihr egal. Es zeigt nur, wie sehr sie mit der brutalen Hitze zu kämpfen hat. Dabei haben wir erst die Hälfte der Strecke bis Lugo geschafft.

„Lass uns langsamer laufen, Kerstin", schlage ich vor. „Es spielt doch keine Rolle, wann wir ankommen. Ich habe uns eine sehr schöne Unterkunft vorgebucht." Das kann ich mit einer gewissen Selbstsicherheit behaupten, da ich die Pension vom letzten Jahr her kenne. Meine Beschwichtigungsversuche nutzen nichts. Kerstin quält sich. Füße, Rücken, Schulter – alles tut extrem weh. Das Angebot, ihren Rucksack für eine kurze Zeit zu tragen, lehnt sie ab. Stattdessen bittet sie mich, vorzugehen, mein eigenes Tempo zu laufen. Sie will nicht, dass ich sie leiden sehe.

Meine Lebenspartnerin hier am Rande des Zusammenbruchs sich allein zu überlassen – nein, das möchte ich nicht! Aber Kerstin lässt nicht locker. Sie merkt, dass ich ein schlechtes Gewissen habe und versucht es mir auszureden. „Lauf vor, ich lege mich jetzt hier an den Weg und brauche dabei keinen Bewacher", fordert sie mich auf, endlich zu gehen. Bevor es zum Streit kommt, schultere ich meinen Rucksack und bin dann mal weg.

Längst habe ich den Schatten spendenden Wald hinter mir und lasse mir über offene Feldwege die Sonne auf den Schädel knallen. Die Basecap gibt zwar einen gewissen Schutz, darunter aber sammeln sich Seen von Schweiß. Es juckt und kribbelt fürchterlich sodass ich bevorzuge, die Kappe zwischendurch abzusetzen und meinen Kopf ungeschützt den Sonnenstrahlen auszusetzen. Mittlerweile schleppe ich mich mit letzter Kraft über vertrocknete Wiesen und lockere Häuseransammlungen. Dazu kommt noch mein schlechtes Gewissen. Es lässt sich nicht verdrängen. Im Gegenteil: Ich male mir aus, was Kerstin alles passiert sein könnte und was ich möglicherweise vergeigt habe. Insgeheim hatte ich mit dem Gedanken gespielt, nach zehn Jahren dem nicht legitimierten Beziehungsstatus mit Kerstin auf dem Camino ein Ende zu bereiten - es zumindest zu versuchen. Schließlich müsste sie dem Antrag ja noch zustimmen!

Soviel noch hatten wir uns für Kerstins freies Jahr vorgenommen. Dieser Jakobsweg sollte ja nur das erste Highlight ihres Sabbatjahres werden. Ein

Besuch meines Pilgerbruders John in Melbourne, Wandern in Neuseeland und exotische Eindrücke auf einer indonesischen Insel aufsaugen ...alles das stand auf der Agenda. Auch für mich war die Vorbereitung in der Praxis mit einem hohen organisatorischen Aufwand verbunden. Sollte das alles jetzt umsonst gewesen sein?

Erst vor kurzem konnte ich mit viel Glück meine berufliche Existenz retten. Ob ich nochmal so viel Dusel haben werde? Das, was ich in der Praxis erlebt habe, kann man sich kaum ausdenken. Die Story könnte aus einem modernen Cyber-Krimi im Hackermilieu stammen: Eltern, die zum ersten Mal mit ihrem Neugeborenen die Praxis betraten, baten mich bereits an der Anmeldung zum Gespräch. Bevor sie zur Praxis gegangen seien, hätten sie noch einmal auf unsere Website geschaut, berichteten sie. Dabei sei ihnen aufgefallen, dass das Aufrufen der Website mit der Darstellung eines Films gekoppelt sei. „Ach, das ist ja interessant, wir haben gar keinen Film auf die Website gesetzt, soweit ich mich erinnere", antwortete ich naiv in der Annahme, es könnte sich um einen Kinderfilm handeln. „Was für ein Film war das denn?", fuhr ich fort. Die Antwort kam leicht verzögert, traf mich dafür mit voller Wucht. Das glückliche junge Paar beugte sich weit nach vorne über die Theke, um mir die Antwort zuzuflüstern: „Ein Porno!"

Unverzüglich kontaktierte ich meinen Freund und Websitebeauftragten Klaus. „Wie kann so etwas passieren?" fragte ich empört und besorgt. „Das können nur Putins Schergen gewesen sein", scherzte er. Im zweiten Versuch gelang es ihm, die Website zu löschen. So bewahrte er mich vor dem Ruin, womöglich gar vor dem Freiheitsentzug.

Ruin und Freiheitsentzug sind schon schlimm genug. Ich übertreibe nicht, wenn ich sage, mir würde mein Lebensinhalt entzogen werden. Auch wenn man in der Kinderarztpraxis im Winter an physische Grenzen der Kraftaufwendung stößt - die Vielfältigkeit der Aufgaben lässt keine Langeweile aufkommen. Die Entwicklung der Kinder von den ersten Lebenswochen bis zum 18. Lebensjahr begleiten zu dürfen, betrachte ich als Geschenk. Immer wieder überraschen sie uns mit ihren fantasievollen Äußerungen.

Das vierjährige Mädchen kam zur Vorsorge. Ihr Deutsch, das sie im Kindergarten lernt, ist für ihr Alter perfekt. Zu Hause spricht das Kind aus Eritrea mit seinen Eltern tigrinisch. „Ich möchte auch gerne tigrinisch sprechen können", sagte ich. „Dann musst du erst in die Sonne gehen und braun werden", riet sie mir.

Das 12-jährige Mädchen, dem ich Blut abnehmen musste, überraschte mich ein paar Tage später mit einem selbst geschriebenen Gedicht:

Du wolltest mein Blut
mir fehlte der Mut
Oma nahm mich in den Arm
Da wurde mir ganz warm
Ich hatte Angst
Doch ich wusste, dass du das kannst
Dann kam der Stich
Ich freute mich
Es war zu Ende
Und wir reichten uns die Hände
Dein Herz ist ganz weit
Denn du nimmst dir für jedes Kind sehr viel Zeit

Die Gesprächsthemen mit den Eltern weiten sich durch gewachsenes Vertrauen auf Gebiete und Dimensionen aus, die man sich als Außenstehender kaum vorstellen kann. Manchmal geht es nur darum, zuzuhören, Verständnis zu zeigen. Auch wenn Krankheiten und Sorgen in der Familie nicht gerade Anlass zur Freude geben - mit angemessenem Humor lassen sich so viele ernste Situationen auflockern. Und zum Glück geht es ja nicht nur um Krankheiten, sondern um das Leben mit allen seinen Facetten.

„Im Grunde sind es immer die Verbindungen mit Menschen, die dem Leben seinen Wert geben". – Wilhelm von Humbold, Reformer des Bildungswesens und Gründer der Friedrich Wilhelm Universität in Berlin hatte diese Erkenntnis schon zu Beginn des 19. Jahrhunderts. Gewiss, in der Kinderarztpraxis findet das Leben statt – auch meines.

Work-Life-Balance? Ich frage mich, warum man geneigt ist, beides zu trennen. Es wäre schön, wenn unsere Arbeitsbedingungen mehr das Gefühl vermitteln würden, dass das Leben auch während der Arbeit stattfindet.

Vor ein paar Wochen stürzte gegen Ende der Sprechstunde eine Mutter in

die Praxis, deren beide Kinder ich kurz zuvor untersucht hatte. Beim Versuch, ihre Kinder in das Auto zu setzen, hatte sie sich den Daumen in der Tür eingeklemmt. Schmerzhaft und voller Blut hielt sie mir die Hand entgegen. „In welche Praxis kann ich damit gehen?", fragte sie mit zittriger Stimme. „Wenn Sie ein paar Minuten warten, kann ich schauen, ob wir die Wunde versorgen können", schlug ich ihr vor. Ich reinigte und desinfizierte die Wunde, entfernte den Fremdkörper unter dem Nagel und trepanierte ihn zur Entlastung des Hämatoms. „Wann haben Sie die letzte Tetanus-Auffrischung bekommen?", fragte ich sie. „Vor über zehn Jahren, als ich in Neuseeland war", antwortete sie.
„Nord - oder Südinsel?"
„Beide, mit Rucksack und Zelt."
Es folgte ein spannender Austausch zwischen zwei Neuseeland-Enthusiasten, der dazu führte, dass sich die verbliebenen Patienten ein wenig gedulden mussten. Am folgenden Tag brachte die Mutter eine XXL-Tüte mit Süßigkeiten in die Praxis.

Zurück zum Camino: Ich rufe Kerstin an. Vergeblich. Sie geht auch nach mehreren Versuchen nicht dran. Jetzt wird es gruselig in meiner Fantasie. Wahrscheinlich ist sie ihren Qualen erlegen. Oder man hat sie kurz vor dem Exitus gefunden und per Rettungswagen in ein Krankenhaus gebracht. Vor ein paar Minuten habe ich in der Ferne ein Martinshorn gehört. Das wird der Krankenwagen gewesen sein, in dem sie transportiert wurde!

Ein letzter Hoffnungsschimmer bleibt mir noch: „Vielleicht hat sie auch nur ihr Handy abgestellt", versuche ich mich zu beruhigen. Zumindest hatten wir das vor unserer Reise so für die Zeit des Laufens vereinbart.

Kurz nachdem ich die ersten Vororthäuser von Lugo passiert habe, treffe ich auf Alberto. Er winkt mir an einer Brücke zu, sodass ich ihm nicht entweichen kann. Wie erwartet redet er ohne Punkt und Komma auf mich ein. Vor Schwäche kaum im Stande zu antworten, bin ich froh, dass er die erste Herberge noch vor der römischen Mauer betritt und ich mich auf den Weg zu unserer vorgebuchten Ruhestätte machen kann. Sie liegt zentral in der Nähe der Kathedrale. Es ist die gleiche, in der ich im vergangenen Jahr mit Freddy vor unserer Rückreise übernachtet habe.

Auch heute ist der Empfang freundlich. Die Formalitäten sind schnell erledigt. Wie mit Freddy beziehe ich das lichtdurchflutete, aber nicht zu heiße Zimmer im oberen Stock mit Blick über die Dächer der Altstadt. Frisch duftende Bettwäsche liegt bereit. Ich muss nur noch die Betten damit beziehen. So, wie im letzten Jahr genießen wir das Privileg, die obere Etage allein zu belegen.

Noch kann ich meinen müden Knochen keine Pause in der Horizontalen genehmigen. Das Ankunftsbier in der Altstadt direkt um die Ecke lockt, verbunden mit der Hoffnung, schon bald Kerstin in die Arme schließen zu können. Mein Plan ist, eine Strategie zu entwickeln, wie ich meine Liebste motivieren kann, morgen weiterzulaufen und unseren gemeinsamen Camino nicht schon an dieser Stelle frustriert abzubrechen. Vor mir liegt der rote Reiseführer von Cordula Rabe, mit Hilfe dessen ich meine strategischen Überlegungen angehen möchte.

Der Camino Primitivo bietet hinter Lugo zwei Möglichkeiten, den Weg fortzusetzen. Der offizielle Weg führt über ca. 24 km nach Ferreira und von dort aus über weitere 24 km nach Melide, wo er auf den Camino Frances trifft. Eine etwa 15 km längere Variante geht über Friol nach Sobrado dos Monxes und von dort aus auf den Camino Frances, allerdings nicht in Melide, sondern in Arzua, von wo aus es nur noch gut 40 km, also vierzehn weniger als von Melide nach Santiago sind.

Schon lange vor unserer Abreise hatte ich mich für die nördliche Variante über Sobrado dos Monxes entschieden. Ungewöhnlich für mich ist, dass ich freiwillig den fünfzehn Kilometer längeren Weg wähle. Nun, ich würde es sicherlich nicht freiwillig tun, gäbe es nicht Gründe dafür. Erstens soll die Variante landschaftlich besonders schön sein, zweitens bleiben uns vierzehn Kilometer vom überfüllten Camino Frances erspart und drittens werden wir ein Stück zusammen mit den Pilgern, die vom Camino del Norte kommen, wandern. Vielleicht ergeben sich die ein oder andere Begegnung mit ihnen und somit Anregungen für eine Fortsetzung des Camino del Norte von Bilbao aus in den nächsten Jahren.

Mir ist klar: Noch einmal bei brütender Hitze über 30 km am Stück werden Kerstin nicht glücklich machen. Beim Durchblättern des Reiseführers fällt mir die Beschreibung einer sehenswerten Kapelle in Boveda de Mera ins Auge. In der Kapelle Santa Eulalia de Boveda finden sich Fresken, die 1700 Jahre alt sein sollen. Das wird Kerstin mit Sicherheit interessieren und liegt genau auf der Hälfte der 30 km langen Etappe nach Friol. Hier werden wir morgen mit dem Taxi hinfahren und dann nach der Besichtigung unseren Weg fußpilgernd fortsetzen. Der Clou an der Geschichte: Auf diese Weise holen wir uns die zusätzlichen fünfzehn Kilometer der nördlichen Variante zurück!

Eine Stunde nach meiner Ankunft in Lugo habe ich eine Erscheinung: Kerstin steht vor mir. Auch wenn es körperlich immer noch extrem schmerzhaft ist - ich erhebe mich in Höchstgeschwindigkeit von meinem Stuhl, drücke sie ganz fest und erst dann glaube ich, dass ich mich im realen Leben befinde. Jaaa – es ist kein Traum, sie ist es wirklich!

Ich bestelle Kerstin ein Getränk, bringe ihren Rucksack um die Ecke in die Herberge und eröffne ihr meinen Plan. Vorher beschreibt sie mir, wie sie es geschafft hat, hier anzukommen. Immer wieder habe sie sich mit voller Montur auf die Strecke gelegt und für ein paar Momente die Augen verschlossen. Nicht immer einfach sei es gewesen, vorbeilaufenden Pilgern und anderen Passanten zu vermitteln, dass alles ok sei mit ihr. Mit meinen Ideen für morgen kann sie gut leben. Müde, glücklich und hungrig werfen wir uns ins Altstadtgetümmel.

Das Frühstück nehmen wir auf der Plaza Martines de Caraval, dem Platz unserer ersten Übernachtung in Lugo in der Nähe der römischen Mauer ein. Um die Ecke liegt der Busbahnhof. Von hier aus wird es sicherlich nicht schwer sein, ein Taxi zu bekommen. Wir bestellen Toast con tomate y aceite. Typisch spanisch. So einfach und doch immer wieder köstlich. Liegt es an den Tomaten, an der Besonderheit des Öls oder einfach nur an der spanischen Luft?

Das Taxi steht zehn Meter von unserem Tisch entfernt. Schnell werden die Rucksäcke im Kofferraum verstaut. Unser Ziel ist dem freundlichen Taxifahrer vertraut. Er weist uns darauf hin, dass es in Spanien noch Corona-Regeln gibt. Er dürfe Gäste nur mit Maske transportieren. Als wir ihm klarmachen, dass wir dann noch mal an die Rucksäcke müssten, wiegelt er ab. So streng seien die Gesetze hier auch nicht. Mein Gott, was haben sich die Zeiten geändert seit unserer Pilgerreise auf dem Portugiesischen Jakobsweg vor zwei Jahren! Damals musste man draußen auf der Terrasse zwischen zwei Schlucken Bier die Maske aufsetzen und Jogger trugen sie beim morgendlichen Aufwärmen auf den Straßen.

Der Weg aus der Stadt heraus ist für Pilger manchmal nicht einfach. Auch die Beschreibung für Lugo erscheint etwas verworren in unseren Führern. Damit müssen wir uns heute nicht beschäftigen. Mit dem Auto sind wir rasch aus der Innenstadt. Rechts geht es ab auf eine Landstraße, auf der wir etliche Fußpilger überholen. Als ich dem Taxifahrer sage, Kerstin habe ein schlechtes Gewissen beim Anblick der vielen Pilger, bekommt er einen Lachanfall und muss aufpassen, dass er nicht von der Straße abkommt. „Sind denn schon Pilger durch Autofahrer zu Schaden gekommen?", will ich von ihm wissen, nachdem er sich wieder eingekriegt hat. „Nein, wir begegnen den Pilgern mit Respekt". „In den 30 Jahren, in denen ich fahre, ist nichts passiert", beruhigt er uns.

Um fünf vor zehn setzt uns der Taxifahrer an der Kapelle ab. Pünktlich um zehn Uhr parkt ein älterer Señor vor der Kapelle, um sie dann aufzuschließen. Leicht gebückt betreten wir die winzige Iglesia de Santa Eulalia de Boveda. An der Wand sind deutlich Fasane, Hühner, Pfaue und Gänse zu erkennen. Wir können kaum glauben, dass diese gut erhaltenen Fresken über 1600 Jahre alt sein sollen. Forscher vermuten, dass es sich um eine Begräbnisstätte handelte. Nachdem man den Raum zwischenzeitlich zugemauert hatte, entdeckte ihn ein Pfarrer 1914 wieder.

Der Besuch der Kapelle bekommt für uns noch einen besonderen Stellenwert, als uns der Wächter einen außergewöhnlich schönen Stempel mit Darstellung der Fresken in unseren Pilgerausweis drückt. Dieses Mal hält sich unser schlechtes Gewissen in Grenzen in Anbetracht der Tatsache, dass wir die Kapelle nicht laufend erreicht haben.

Der eigentliche Start unserer Pilgeretappe beginnt um 11.30 Uhr. Mittlerweile weist das Thermometer bereits 26 Grad auf. Die Landstraßen, auf denen wir wandern, sind extrem ruhig. Über vier Stunden begegnen wir deutlich mehr (zum Glück friedlichen) Hunden als Autos (vielleicht drei).

Auch wenn es überwiegend über Asphalt geht – die Weitblicke auf Felder, Wiesen und Weiden ohne störende Motorgeräusche in einem leichten Auf und Ab lassen eine angenehme innere Ruhe aufkommen. Über zwei Stunden begegnen wir keinem einzigen Menschen. Am Ende eines Dorfes geht es rechts ab in einen Wald, in dem die Markierung des Weges sehr dürftig wird. Caminosymbole sind verblasst und damit kaum zu erkennen. Und so kommt es, wie es kommen

muss: Der Weg endet in einer Sackgasse an einem quadratischen Rasenplatz, der rechts von einem Bach und ansonsten von Böschungen und Wald umgeben ist. Wir laufen ihn in alle Richtungen ab, um eine Weiterführung des Caminos nicht zu übersehen. Kerstin erklimmt einen steilen, lehmigen Hügel. Oben angelangt kann sie auch zwischen den Bäumen keine Wegführung erkennen. „Lass uns zurückgehen", rufe ich ihr zu. Hier könnten wir uns allenfalls am Kompass orientieren, um uns durch das Dickicht zu unserem heutigen Ziel zu schlagen.

Offensichtlich gehört es wie Jakobsmuschel und strahlende Sonne dazu, dass man sich mindestens einmal auf dem Camino verläuft. Frustriert machen wir uns auf den Rückweg in der Hoffnung, dass das übersehene Symbol nicht allzu weit entfernt ist. Plötzlich nehmen wir einen laut bellenden, aus der Ferne eher klein bis mittelgroß wirkenden Hund wahr. Der hat uns gerade noch gefehlt! Wie ein Kampfhund sieht er nicht gerade aus, mit der Lautstärke seines Bellens aber verschafft er sich gehörigen Respekt. Vorsichtig versuchen wir uns ihm zu nähern. Als wir seine Höhe erreichen, wird er ruhiger und trabt in die Richtung, aus der wir ursprünglich gekommen sind. Immer wieder dreht er sich um, um sich zu vergewissern, dass wir ihm folgen. Dann stehen wir vor seinem Herrchen, der mit zwei anderen, deutlich größeren Hunden auf ihn wartet. Uns wird klar: Der ist gar nicht böse. Er wollte uns nur auf den richtigen Weg führen.

DANKE!

„Wie heißt er eigentlich?", wollen wir wissen. „Es ist eine Señorita", schmunzelt der Alte unter dem Sombrero. „Sie ist erst ein paar Monate alt. Wir haben noch keinen Namen für sie gefunden". „Dann sollten wir sie „Peregrina" nennen", schlagen wir vor. Inzwischen ist noch ein junger, sportlicher Spanier zu uns gestoßen. Er studiert in Madrid und ist der erste (und auch letzte) Pilger, der uns heu-

te begegnet. Während wir uns unterhalten, wedelt Peregrina aufgeregt und dynamisch um uns herum - so wie ich es von den Säuglingen bei der Vorsorge kenne, wenn ich mich mit ihren Müttern unterhalte. Bei ihnen nennt man es „lebhafte Spontanmotorik". Hier wie da wirkt es so, als wollten sie mitteilen: „Hey, ich bin auch noch da. Vergesst mich nicht bei eurem Gequatsche!"

Bevor wir uns wieder in Bewegung setzen, suchen wir noch den Wegweiser an der Abzweigung. Weitgehend verwittert befindet er sich, kaum noch zu erkennen, an einem Baum.

Wir führen unseren Weg mit schönen Fernblicken fort und gelangen über eine angenehm kühle Waldpassage an den Ortsrand von Friol, wo die Sonne erneut gnadenlos fast senkrecht unsere Häupter bestrahlt. Am Torre de Friol vorbei, stoßen wir auf die LU 232, auf der wir die erste Bar ansteuern. Wenn es heute auch nur vier Stunden waren, die wir marschiert sind....die Zungen sind trocken und warten sehnsüchtig auf einen Durstlöscher. In der spärlich gefüllten Kneipe dauert es nicht lange, bis uns die betagte Señora hinter der Theke nicht nur mit Getränken, sondern auch mit diversen Snacks liebevoll versorgt.

Entlang der LU 232 brauchen wir nach der erlabenden Stärkung noch zehn Minuten, bis wir an dem großen zentralen Platz des Kreishauptstädtchens ankommen. Direkt hinter dem Flüsschen Rio Narla liegt das „Casa benigna", die einzige Unterkunft, die man in den üblichen Führern findet. Ich möchte wissen,

was uns erwarten würde, wenn ich hier ein Zimmer reserviert hätte. In dem kleinen, etwas düsteren Eingangsbereich vermittelt die Dame hinter der Theke unmittelbar nach unserem Eintritt ungefragt, dass man ausgebucht sei. Mit dem Eindruck, dass wir hier nichts verpasst haben, machen wir uns auf zu unserer gebuchten Unterkunft am anderen Ende des Platzes.

Ein paar Wochen vor unserer Abreise hatte ich nochmal im Internet recherchiert und schließlich das Doppelzimmer für 70 Euro im „Casa da Galbana" gefunden. Die hellblau getünchte Fassade des Reihenhauses wirkt freundlich und einladend.

Genauso werden wir auch von der etwa Mitte 50 Jahre alten, adrett gekleideten Señora empfangen. Sie bittet ihren Sohn, die Personalien aufzunehmen. Sehr höflich und interessiert erkundigt er sich nach unserem Weg und macht mir dann ein Kompliment, das ich noch nie bekommen habe. „Habla castellano muy bien". Hat er „castellano" gesagt? Ich bin sicher: Wenn ich noch weitere zwei Sätze spreche, nimmt er es sofort zurück. Ich fasse mich daher kurz, sodass wir schon bald über die Holztreppe aus hellem Buchenholz oben im ersten Stock unser Zimmer aufsuchen können. Alles hier wirkt im Zusammenspiel mit dem warmen Licht extrem geschmackvoll, sauber und gemütlich. Unten an der Rezeption konnte ich einen Blick in das Wohnzimmer mit einer riesigen Bücherwand wagen. Hierhin hatte sich die Señora zurückgezogen, als ihr Sohn die Formalitäten erledigte.

Wir betreten unser Zimmer und kommen aus dem Staunen nicht mehr heraus. Schränke, Bett und Kommoden sind aus Mahagoniholz, die moderne Badeinrichtung lässt die Dusche zu einem außergewöhnlichen Event werden. Über dem Bett wacht Egon Schiele mit einem seiner typischen frivolen Gemälde. Soll uns das Bild etwas vermitteln? Tobt euch ruhig aus vielleicht? Was auch immer: Wir nutzen die bequemen Betten zunächst einmal für eine ausgedehnte Siesta.

Nachdem wir gut ausgeruht und frisch geduscht mit unseren E-Books in der Hand im Garten ein schattiges Plätzchen gefunden haben, bittet uns die Señora in ihre schöne, offene Küche auf einen Kaffee. An den Küchenblock angelehnt, erzählt sie uns, wie sie vor zwei Jahren hier ihren immer schon vorhandenen Traum von einer eigenen Pension verwirklicht hat. „Es ist nie zu spät, mutig zu sein und etwas zu wagen", sagt sie stolz. Ihre fröhliche Ausstrahlung, ihre Freude mit Gästen zu plaudern und ihr Einrichtungstalent vermitteln: Das Wagnis ist zu 100 Prozent gelungen. Was ihre Gäste betreffe, seien Jakobspilger eher in der Minderheit. Die Gegend hier in der Provinz sei ein beliebtes Reiseziel, das im Wesentlichen von Menschen aus der näheren städtischen Umgebung Galiciens für einen Kurzurlaub genutzt werde. Ihre Gäste suchten hier Ruhe und Aktivität beim Wandern. Trotz allem ist unsere Gastgeberin auch auf Jakobspilger gut vorbereitet, was sie uns mit der Aushändigung von Kartenmaterial für unsere morgige Etappe beweist.

Ein Wetterwechsel scheint sich anzukündigen. Als wir am Abend draußen auf dem großen Platz einen XXL-Hamburger mit Garnelen vertilgen, müssen wir zum ersten Mal unsere Fleecejacken überziehen.

Missgeschick
Friol - Sobrado dos Monxes | 25 km

Am Flüsschen Narla entlang laufen wir in der Morgendämmerung durch den hübsch angelegten, sehr sauberen und noch menschenleeren Stadtpark, passieren an der stillgelegten Wassermühle vorbei das idyllisch gelegene Schwimmbad und gelangen schon bald in einen Wald. Ja, die Señora hatte recht: Für einen ruhigen erholsamen Kurzurlaub scheint das Provinzstädtchen mit seinen 4000 Einwohnern nicht ungeeignet zu sein.

Und auch der Eindruck von gestern Abend auf dem zentralen Platz scheint sich zu bestätigen: Es ist deutlich frischer geworden. Ohne unsere Jacken würden wir heute Morgen frieren.

Überwiegend einsam über Feldwege und Weiden, durch kleine Dörfer und lange Waldpassagen verläuft die von uns gewählte Caminovariante, die offensichtlich nur von sehr wenigen Pilgern genutzt wird. Vielleicht ist es aber auch das Ziel, die Pilger wieder mehr auf die den traditionellen Weg zu führen, denn besonders gepflegt scheint die Streckenführung nicht zu sein. Wir müssen aufpassen wie ein Luchs, nicht den richtigen Pfad zu verpassen, denn häufig sind die Wegweiser an Bäumen und Pfählen verblasst oder schwer zu deuten. Und eines müssen wir uns auch klar machen: Nicht überall findet sich eine „Peregrina", die einen wieder auf den korrekten Weg zurück führt oder besser gesagt bellt.

Mir wäre es recht, wenn man ab und zu auf Menschen treffen würde. Fast kommt es mir vor wie auf der Via de la Plata, wo ich zwischen Caceres und Zamora gelernt habe, Einsamkeit zu ertragen. Die Landschaft in der Extremadura mit ihren Dehesas, die von Eicheln fressenden schwarzen Schweinen besiedelt sind, ist natürlich völlig anders. Hier und jetzt in der galicischen Provinz überwiegen langgezogene Waldabschnitte, häufig Kiefern- und Birkenwälder, die mich ein wenig anöden. Der unebene Boden erfordert dennoch Konzentration beim Laufen. Gerade jetzt fehlt sie mir für einen Moment und schon ist es passiert: Der Schnürsenkel meines rechten Schuhs verhakt sich in meinem linken Schuh. Ich stürze nach vorne wie ein gefällter Baum. Kerstin beobachtet es mit Schrecken und macht sich wahrscheinlich Gedanken, wie sie den weiteren Marsch nach Santiago ohne mich bewältigen wird.

Die Schrammen im Gesicht sind nicht das Schlimmste. Sie werden heilen und kein Hindernis beim Weiterlaufen sein. Was aber ist mit meinen Beinen? Noch im Liegen lüfte ich meine Wanderhose und stelle zufrieden fest, dass keine offenen Wunden zu sehen sind. Wie oft schon habe ich Pilger getroffen, die auf Grund eines Missgeschickes ihre Wanderung nicht fortsetzen konnten. Ich selbst stand auch in den letzten zwölf Jahren auf meinen diversen Pilgerreisen ein paar Mal schon auf der Kippe. Mit meinen Knien ist es heute nicht ganz so unkompliziert. Sie sind geschwollen und bis ich erst einmal wieder auf ihnen stehen kann, dauert es eine Weile. Erste Gehversuche lassen nichts Gutes vermuten. Immer wieder knicke ich ein, falle um und richte mich wieder auf.

Eine kleine Kaffeepause käme nicht ungelegen. Welch frommer Wunsch! In dieser Gott verlassenen grünen Öde ist weit und breit kein Zeichen von Zivilisation zu entdecken. Und jetzt fängt es auch noch an zu nieseln. Egal - Ich lege mich auf den feuchten Boden und mache ein paar Bewegungsübungen im Liegen. Allmählich kommt wieder Leben und Gefühl in meine unteren Extremitäten. Erneut versuche ich mich aufzurichten. Ganz langsam stellt sich das Gleichgewicht ein und ich kann wieder einen Schritt vor den anderen machen. Puh – grade noch mal gut gegangen.

Lange dauert es nicht mehr, bis wir wieder auf Artgenossen treffen. Der Waldweg führt hinter Salguieiro auf die Landstraße DP-4604, die steil ins Tal hinab verläuft. Von oben kommen Menschen mit Rucksäcken entlang der Straße an uns vorbei. Pilger! ... seit zwei Tagen haben wir diese Spezies nicht mehr wahrgenommen. Diese Pilger haben bereits einen viel längeren Weg hinter sich als wir, wenn sie dann die komplette Strecke gelaufen sind. Unser Camino Primitivo verbindet sich hier mit dem Camino del Norte, der an dieser Stelle bereits über 800 km lang ist und seinen Anfang in Irun nimmt.

Nach ein paar hundert Metern findet sich endlich eine Bank, auf der wir eine Pause machen können. Ein Schluck aus der Pulle und ein paar Kekse. Mehr ist nicht drin – weil wir nicht mehr dabei haben und auf der gesamten Strecke bisher keine einzige Einkehrmöglichkeit zu finden war.

Neben uns sitzt ein Spanier mittleren Alters mit zwei alten Frauen. Sie dürften Mitte siebzig bis achtzig sein. Interessante Konstellation. Wir fragen den Spanier – er heißt Paolo - ob wir uns Hoffnung machen können, hier in der Gegend noch ein Café oder einen Einkaufsladen zu finden. Paolo schaut in sein schlaues Buch und findet heraus, dass in etwa zwei Kilometern eine Bar sein sollte, in der wir uns stärken könnten – wenn sie dann geöffnet sei. Über seinen Beziehungsstatus zu den beiden Damen erfahren wir nichts – noch nicht.

Auf dem Weg zur Stärkung ist Durchhaltevermögen gefragt. Dieses Mal überraschen uns die Wetterkapriolen nicht durch unerträgliche schweißtreibende Temperaturen, sondern in Form eines Gewitters. Schnell packen wir unsere Bücher und Reiseutensilien in den Rucksack und versehen diesen mit einem Plastiküberzug. Als wir an der Bar ankommen, sind wir pitschnass und froh, dass sie geöffnet ist. Nur für die Tageszeit ist es sehr dunkel im Inneren. Der Strom ist ausgefallen. So wird es nichts mit einem heißen Kaffee oder einer dampfenden Kohlsuppe. Stattdessen begnügen wir uns mit dem trockenen Zeug, das an der Theke steht.

Sei´s drum. Wir nehmen es gelassen, haben wir doch zumindest die Gelegenheit, einen Teil der durchnässten Kleidung zu tauschen und das Schlimmste im Trockenen abzuwarten. Ein Chinese betritt mit einer Gruppe Spanier das Lokal in pinkfarbenen Leggins. Sehr sexy die Mode in Asien! Als das Licht wieder angeht, stellt sich heraus, dass es sich um eine optische Täuschung

handelt. Die Sonnenbestrahlung hat an seiner Beinhaut eigenartige Muster verursacht.

Der letzte Caminoabschnitt der heutigen Etappe bis zu unserem Ziel zeigt sich von seiner besten Seite. Durch einen lauschigen Laubengang nähern wir uns einem See und kurz dahinter wird auf einer Anhöhe zum ersten Mal der Blick frei auf das beeindruckende Monasterio de Santa Maria de Sobrado.

Unsere Unterkunft Via Sacra mitten in Sobrado dos Monxes lässt auch heute keine Wünsche offen. Sauber, hell, freundliches Ambiente und mit 65 Euro für die Nacht ein gutes Preis-Leistungs-Verhältnis.

Das im 10. Jahrhundert gegründete Zisterzienserkloster gehört zum Weltkulturerbe der UNESCO. Die im Jahr 1630 erbaute Iglesia de Asuncion ist ein Paradebeispiel für den galicischen Barock. Nachdem die Kirchengüter verstaatlicht wurden, verfiel der Komplex, bevor er 1954 durch Mönche aus Kalabrien wieder belebt wurde. Seit 1966 ist er wieder Teil des Zisterzienserordens.

Ein wenig ärgere ich mich, dass wir uns nicht rechtzeitig um einen der über 100 Schlafplätze in mehreren Sälen bemüht haben. Denn nur so hätten wir auch in das Innere eindringen können. Das Bitten um eine Ausnahme nutzt nichts. Zisterziensermönche können ganz schön streng sein!

Auf dem Platz vor dem Kloster nehmen wir ein asiatisch angehauchtes Abendessen ein. Passend dazu sitzt an unserem Nachbartisch der Chinese mit dem Beinmuster aus der Bar. Er ist eigens aus Shanghai angereist, um den Camino del Norte zu laufen, erzählt er auf Nachfrage. Warum auch nicht. Aus wie vielen weit entfernten, teilweise exotischen Ländern habe ich schon Pilger auf dem Camino getroffen! Es würde lange dauern, bis ich sie alle aufgezählt hätte.

galicia
boa viaxe
buen viaje
bon voyage
good journey
gutz reise
boa viagem
Concello de Friol
Friol

Der ideale Platz für eine Herberge

Sobrado dos Monxes - Arzua | 23 km

Der nur 300 Einwohner große Ort ist schnell verlassen. Hinter einer Mauer dürfen wir einen letzten Blick auf das Kloster werfen. Auch im Morgengrauen hat es durch seine verspielten barocken Türme und seine exponierte Lage eine dominierende, irgendwie aber auch beruhigende Ausstrahlung. Adios Monasterio de Santa Maria de Sobrado!

Schon bald spüren wir an der Frequenz der Pilger, dass wir uns nicht mehr auf einer einsamen Variante des Camino Primitivo befinden, sondern auf der gemeinsamen Verbindung von Camino Primitvo und Camino del Norte zum Camino Frances - bei weitem jedoch kein Vergleich mit den Massen auf dem Camino Frances, wie sich später herausstellen wird. Ein scheinbar nicht bewohntes, aber noch gut erhaltenes Haus in dem langgestreckten Ort Boimorto erinnert mich an meinen Auftrag, nach einem potentiellen Platz für eine neue Herberge Ausschau zu halten.

Damian, der Freund meines Bruders Stefan, hat schon lange die Idee eine neue, nach eigenen Vorstellungen erbaute Herberge auf dem Camino zu eröffnen. Sein Bezug zum Camino rührt aus der Zeit, in der er als Journalist vor etlichen Jahren in Santiago de Compostela arbeitete. Damals ist er den Camino Ingles von Ferrol nach Santiago gepilgert. Damian arbeitet heute leidenschaftlich als Chefredakteur einer süddeutschen Tageszeitung. Als solcher hat er im letzten Herbst den Pilgerweg meines Bruders mit seiner Tochter Carlotta auf der Via de la Plata mit täglichen Berichten von den Etappen in seiner Zeitung begleitet. Vor zwei Jahren erkrankte er an einer seltenen Variante eines Darmtumors. Dadurch wurde ihm eindringlich bewusst, dass er als strenger Christ noch diesen Lebenstraum von einer eigenen Herberge hat. Und so kam ich zu diesem Auftrag. Ich muss zugeben, die Idee hat mich fasziniert und dazu geführt, dass ich meinen Fantasien freien Lauf gelassen habe.

Erste Recherchen im Internet führten zu der Erkenntnis, dass ältere freistehende Häuser auf dem Land in Galicien zu erstaunlich günstigen Preisen zu erwerben sind. Wenig Sinn würde es ergeben, eine Herberge auf einem Weg zu eröffnen, an dem nur selten ein Pilger vorbeikommt – etwa auf der Strecke zwischen Lugo und Sobrado dos Monxes. An diesem Abschnitt jedoch zwischen Sobrado dos Monxes und Arzua, auf dem sich zwei Jakobswege vereinen, könnte es sinnvoll sein.

Am Ende der Hauptstraße haben wir etwas mehr als die Hälfte unserer heutigen Etappe geschafft. Zeit für einen Kaffee vor einer Bar, an der ein Esel angebunden ist. Kaum ein Passant schafft es an ihm vorbei zu gehen, ohne irgendwie mit ihm kommunikativ in Kontakt zu treten. Ein kräftiger, großer Pilger kommt gar nicht mehr von ihm los. „Trink einen Kaffee mit uns, dann kannst du ihn noch ein bisschen länger genießen", ruft Kerstin ihm zu. Die Idee scheint ihm zu gefallen. Er lässt sich gerne auf die Einladung ein, stellt seine Stöcke ab und setzt sich unverzüglich zu uns.

Robert ist Ende 30 und seit knapp fünf Wochen auf dem Camino des Norte unterwegs. Als Österreicher ist er Wandern gewohnt, erzählt von einem alpinen Halbmarathon, den er gelaufen sei. In seinem letzten Pauschalurlaub sei ihm klar geworden, dass dieses Abhängen an Stränden nichts für ihn ist und ihn der Typ Urlauber, der ihm dort begegnet, schnell aggressiv mache. So sei er auf den Camino gekommen, obwohl er weder christlich noch spirituell sei. Bisher habe er es keine einzige Minute bereut.

„Wo hat es dir am besten gefallen?", will ich wissen. Besonders schön sei Santillana del Mar gewesen. Aber die Städte und Ortschaften seien nicht das Beeindruckende gewesen. „Nicht das Wo, sondern das Wie und Was haben mich fasziniert. Die vielen internationalen Begegnungen, der Austausch und das gemeinsam Erlebte". Natürlich hat er recht. Die Frage hätte anders gestellt werden müssen. Ich versuche es noch einmal mit einer leicht abgeänderten, eher emotionalen Frage: „Und was hast du in Gijon gefühlt?"

Robert versteht sofort, worauf ich hinaus will, schließlich haben wir Deutsche und Österreicher an dieser Stelle eine gemeinsame Vergangenheit. „Du meinst die Schande von Gijon?", fragt er „Natürlich sagt mir das was, auch wenn ich sie auf Grund meines Alters noch nicht live mitbekommen habe", fährt er fort. „Viel lieber aber denken wir Österreicher an die Schmach von Cordoba", sagt er süffisant. „I werd narrisch". Eddy Fingers emotionaler Ausbruch nach dem 3:2 von Hans Krankl gegen die Deutsche Fußball-Nationalmannschaft bei der Fußball-WM in Argentinien 1978 setzt noch heute jeden der acht Millionen Einwohner der Alpenrepublik in Verzückung. Wahrscheinlich ist es der erste zusammenhängende Satz, den ein Kleinkind in Österreich lernt.

Eine Zeit lang begleitet uns Robert auf der ruhigen Landstraße Richtung

Arzua. Durch die angeregte Unterhaltung bei heute sehr angenehmen Temperaturen fühlt sich das Wandern leicht an. Robert erzählt, dass er mehr Glück als wir hatte und heute Nacht im Kloster in Sobrado dos Monxes übernachten durfte. Er betont noch einmal, dass er mit kirchlichen Dingen nicht viel am Hut habe, die wunderschönen Choräle der Mönche am Abend unter den Kellergewölben, die Akustik und die emotionale Atmosphäre in der Pilgergemeinschaft aber hätten Gänsehaut bei ihm ausgelöst. Nie werde er diese außergewöhnlichen Momente vergessen.

Auf einer Bank am Straßenrand erspäht Kerstin Paolo mit seinen beiden alten Damen. Jetzt will sie es wissen. Wie ist dieses ungleiche Trio zusammengekommen?

Kerstin erfährt, dass Paolo seiner achtzig Jahre alten Mutter und ihrer ein Jahr jüngeren Schwester einen Lebenstraum erfüllt und sie auf dem Camino del Norte begleitet. Er sorgt dafür, dass ihr Gepäck transportiert wird, Unterkünfte organisiert sind und etwaige Unwägbarkeiten beseitigt werden. Wie wir später erfahren, wird es da noch die ein oder andere Überraschung geben, die es zu regulieren gilt.

Fünf Kilometer vor Arzua finde ich das Objekt der Begierde. An einem Feldweg entdecke ich ein freistehendes Landhaus, das scheinbar seit längerer

Zeit nicht bewohnt ist, aber zumindest auf den ersten Blick von der Grundsubstanz noch gut erhalten ist. Ich mache ein paar Fotos und schicke sie meinem Bruder Stefan nach Hamburg, damit er sie weiter an Damian leitet. Es könnte das ideale Gebäude für den Umbau zu einer Herberge sein! Da es nur ein paar Kilometer vom Camino Frances entfernt liegt, könnte es somit auch für deren Pilger eine Option werden. Ich bin sicher: Wir werden dafür sorgen, dass sich der kleine Umweg lohnt!

Wir erreichen Arzua um ein Uhr sehr zeitig, sodass wir mit dem Bezug unseres Zimmers noch ein Stündchen warten müssen. Was wir aber schon regeln können, ist die Bestellung unseres Abendessens. An das kleine Hotel an der Durchgangsstraße ist ein Restaurant angeschlossen, das beim Blick ins Innere ein sehr schönes Ambiente vermuten lässt.

Ein erster Bummel durch das Zentrum von Arzua gibt uns einen Vorgeschmack von dem, was uns in den letzten zwei Tagen erwartet. Die Stadt ist von einer großen Anzahl von Pilgern bevölkert, die eine mehr oder weniger lange Distanz hinter sich haben, 40 km vor Santiago. Viele sind wahrscheinlich erst in Sarria gestartet, da die gut 100 km bis Santiago reichen, um in den Genuss der Compostela zu kommen, das heißt die Urkunde, die dem Pilger in Latein bestätigt, dass er mindestens die letzten 100 km gelaufen ist.

Ochsenbäckchen scheint eine Spezialität in der Gegend zu sein. So jedenfalls wird es auf den Speisekarten der Lokale angepriesen. Wie gut, dass wir unseren Platz für heute Abend zum Essen reserviert haben. Bis auf den letzten Platz ist das Restaurant gefüllt. Mittendrin dürfen wir uns an eine Tafel mit blütenweißer Decke setzen. Die sehr zuvorkommende weibliche Bedienung erklärt uns das Menü. Und was bietet die Hauptspeise? – „Mejillas de Buey". Zu Deutsch: Ochsenbäckchen. Das Gericht ist eine Entdeckung: muy rico!

Das Zimmer selbst ist einfach, sauber und ruhig. Auch hier stimmt das Preis-Leistungs-Verhältnis mit 60 Euro für die Nacht.

Camino verkehrt herum

Arzua - Pedrouzo | 20 km

Schon bald nachdem wir uns in Bewegung gesetzt haben, geht die Prozession los. Menschenmassen auf dem Weg nach Santiago. Noch gut 40 Kilometer bis zum gemeinsamen Ziel. Die können lang werden. Eigenes Tempo laufen? Das dürfte schwierig sein. Wie setzt man einen Überholvorgang an? Hupen, Schreien, eine kurze Berührung beim Vordermann in der Flanke oder an der Schulter? Wir haben keine Ahnung. Gibt es überhaupt eine Verkehrsordnung? Zumindest können wir davon ausgehen, dass dieser Weg durch einen Wald eine Einbahnstraße ist. Oder doch nicht? In 50 Meter Entfernung nehmen wir einen Mann wahr, der uns entgegen läuft.

Als er näher kommt, erkennen wir, dass es Paolo ist. Allein, ohne seine beiden Damen. Angeregt telefoniert er mit seinem Handy. „Que pasa, Paolo", rufen wir ihm zu. Seine Tante habe unterwegs in der Menge ihr Handy verloren, klärt er uns auf. Über sein eigenes Handy versuche er es ausfindig zu machen. „Mucha suerte!" - Viel Glück.

Der Weg selbst ist schön. Kleinere schattige Waldabschnitte wechseln sich mit Lauben-gängen und Feldwegen ab. Sogar Pilger auf Pferden begleiten uns. Letztlich erhält man die Compostela nicht nur zu Fuß, sondern auch zu Ross oder als Radfahrer. Mit zunehmender Laufstrecke nimmt das Gedränge ab. Was

wir als positiv wahrnehmen, ist die perfekte Infrastruktur mit vielen netten Cafés. In einem, das mir bekannt erscheint, gönnen wir uns eine Pause. Bei genauer Betrachtung weckt es Erinnerungen an meinen ersten Camino 2008 von Leon nach Santiago, als ich hier ebenfalls relaxt habe. Sogar der Name meiner damaligen Begleitung - Claudia – fällt mir ein. Und nicht nur das. Auch unser Gesprächsthema an dieser Stelle kann ich abrufen. Die Intensität des Erlebten auf dem Camino ist enorm. Eines ist sicher: Jeder Camino hinterlässt nachhaltige Spuren.

Als wir die Brücke vor der Hauptstraße von Pedrouzo überqueren, fällt mir die Herberge ins Auge, in der ich vor vierzehn Jahren übernachtet habe. Eine total überfüllte Massenunterkunft mit ein paar Zentimetern zwischen den Stockbetten und einem unglaublichen Andrang morgens im Sanitärbereich. An viel mehr kann ich mich nicht mehr erinnern, außer, dass der Ort im Wesentlichen aus einer langgezogenen Straße besteht - und daran hat sich bis heute offensichtlich auch nicht viel geändert. Am Ende der Durchgangsstraße liegt auch unsere heutige Unterkunft, eine Wohnung, die von einer Dame mittleren Alters bewohnt wird und die scheinbar über die Vermietung der Zimmer ihr Einkommen generiert. In der Küche erhalten wir unseren Stempel und hier entrichten wir auch unseren Obolus von 50 Euro. Unser Zimmer ist zweckmäßig und sauber mit Blick ins Grüne.

Kerstin gönnt sich ihr verdientes Mittagsschläfchen. Ich bin irgendwie überdreht, komme nicht so recht zur Ruhe und besorge stattdessen ein paar Sachen für unsere morgige letzte Etappe. Dabei schaue ich mich jenseits der Hauptstraße um. Was ich sehe sind jede Menge Biergärten mit Lampions. Hier wird

scheinbar Abend für Abend das baldige Erreichen des Pilgerzieles gefeiert.

Statt zu feiern lassen wir es ruhiger angehen. Kerstin und ich nehmen den Tipp meines Bruders Stefan auf, der im letzten Jahr an dieser Stelle begeistert von einem Lokal (Bar O Pedrouzo) berichtete, in dem das Fleisch auf einem heißen Stein frisch am Tisch zubereitet wurde. Auch hier zeigt sich wieder, dass es klug war, den Tisch vorzubestellen, denn das einfache, kleine Restaurant ist heute Abend bis auf den letzten Platz besetzt. Kein Wunder, bei der Qualität!

Freudenträne

Pedrouzo - Santiago | 22 km

Ein wenig euphorisch sind wir schon, auch wenn es nicht das erste Mal ist, dass wir in Santiago einmarschieren werden. Wir sind zwar früh raus, lassen es heute aber bewusst langsam angehen. Einen Cafe con Leche hier, eine Pause dort. Auch, wenn die Schlangen in den Bars lang sind - wir fühlen uns nicht gestresst.

Bei herrlichem Sonnenschein, azurblauem Himmel und angenehmen Temperaturen um die 25 Grad erreichen wir den Monte do Gozo, knapp fünf Kilometer vor Santiago, mit seinem überdimensionalen Denkmal von Papst Johannes Paul II. und der Riesenherberge. Keineswegs gedenken wir hier zu übernachten, von dem ersten Blick auf Santiago können wir jedoch kaum genug bekommen. Schließlich nähern wir uns dann doch um die Mittagszeit der Porta de Santiago, durch die die Pilger seit Jahrhunderten traditionsgemäß die Altstadt von Santiago betreten. Kurz bevor wir die Straße zum Jakobsweg-Tor passieren, fällt mir ein, dass der Markt nicht weit entfernt ist und so biegen wir noch einmal links herum, um den Zugang ins Zentrum über den lebhaften und farbenfrohen Mercado de Santiago zu nehmen, bevor er für heute schließt.

Ach, wie schön es doch ist, wieder hier zu sein, in meinem geliebten Santiago de Compostela! Zum zweiten Mal nach 2008 erreiche ich die Stadt über den Camino Frances, zwischen den Jahren auch vom Süden her über den Camino Portugues, sowohl über die Via de la Plata und vom Norden über den Camino Ingles. Auch Kerstin kommt nicht zum ersten Mal pilgernd in Santiago an. 2021 beendeten wir unseren ersten gemeinsamen Camino – die spirituelle Variante des portugiesischen Jakobsweges - hier. Durch den kleinen Tunnel gelangen wir – wie immer begleitet von den Klängen des Gaitaspielers – auf die Praza Obradoio. Wie erwartet finden wir das typische und mittlerweile vertraute Bild liegender Pilger auf dem warmen Pflaster vor, den Blick ehrfürchtig auf die Kathedrale gerichtet.

Wir suchen unsere für heute vorgebuchte Unterkunft mitten in der Altstadt und ganz in der Nähe der Kathedrale auf. Sie heißt Hotel Montenegro. Der Eingangsraum wirkt warm und freundlich, genau wie der Empfang durch die junge Dame an der Rezeption. Selbstverständlich haben wir kein Problem damit, dass unser Zimmer noch nicht bezugsfertig ist. Schließlich empfängt uns Santiago mit Traumwetter und wir können es kaum abwarten, den magischen Atem dieser bezaubernden Stadt zu inhalieren.

Beim Schlendern durch die Gassen der Stadt passiert auch heute das, was immer geschieht, wenn man einen Jakobsweg in Santiago beendet: Mitpilger laufen uns über den Weg. Auf der Praza Porta Camino gibt es ein freudiges Wiedersehen mit Paolo samt Mutter und Tante. Paolo muss die Oldies gut gepflegt haben, denn die beiden machen noch einen recht fitten Eindruck. Und auch mit dem Camino rückwärts war er erfolgreich: Das Handy ist wieder da!

Hinter dem prächtigen Parador, auch genannt hospital del los reyes catolicos, kommt uns erneut ein bekanntes Gesicht entgegen: Alberto, der Italiener, der uns ohne Punkt und Komma zugequatscht hat.

Wir drücken uns ganz fest wie langjährige Vertraute, die sich nach einer endlosen Zeit wiedersehen. So wie heute haben wir Alberto noch nicht erlebt. Der sonst so eloquente Italiener bekommt kaum ein Wort heraus. Seine Augen füllen sich mit Flüssigkeit, eine Träne tropft über seine linke Wange.

Noch einmal umarmen wir uns herzlich. Dann geht jeder seiner eigenen Wege. Wir können nicht durch die Glaskugel voraussehen, was das Leben mit uns vorhat. Trotzdem dürfen wir Pläne, Illusionen und Ideen haben. Meine führen mich gedanklich nach Bilbao, wo ich mich im nächsten Jahr an die Fortsetzung des Camino del Norte machen möchte.

P
Monte do Gozo

Lugo:
Pension San Roque
Plaza Martines de Carabal 11

O Cadavo:
Pension Porta Santa
Avenida Dr. Escobar 9

Lugo:
Hostal Viatori
Rua do Mino 24

Friol:
Casa da Galbana
Praza Andon Cebreiro 2

Sobrado dos Monxes:
Via Sacra
Praza Portal 19

Arzua:
Hotel Restaurante Teodora
Rua Lugo 38

Pedrouzo:
Peregrina Pension 1
Avenida Lugo

Santiago;
Hotel Montenegro
Rua de Xelmirez

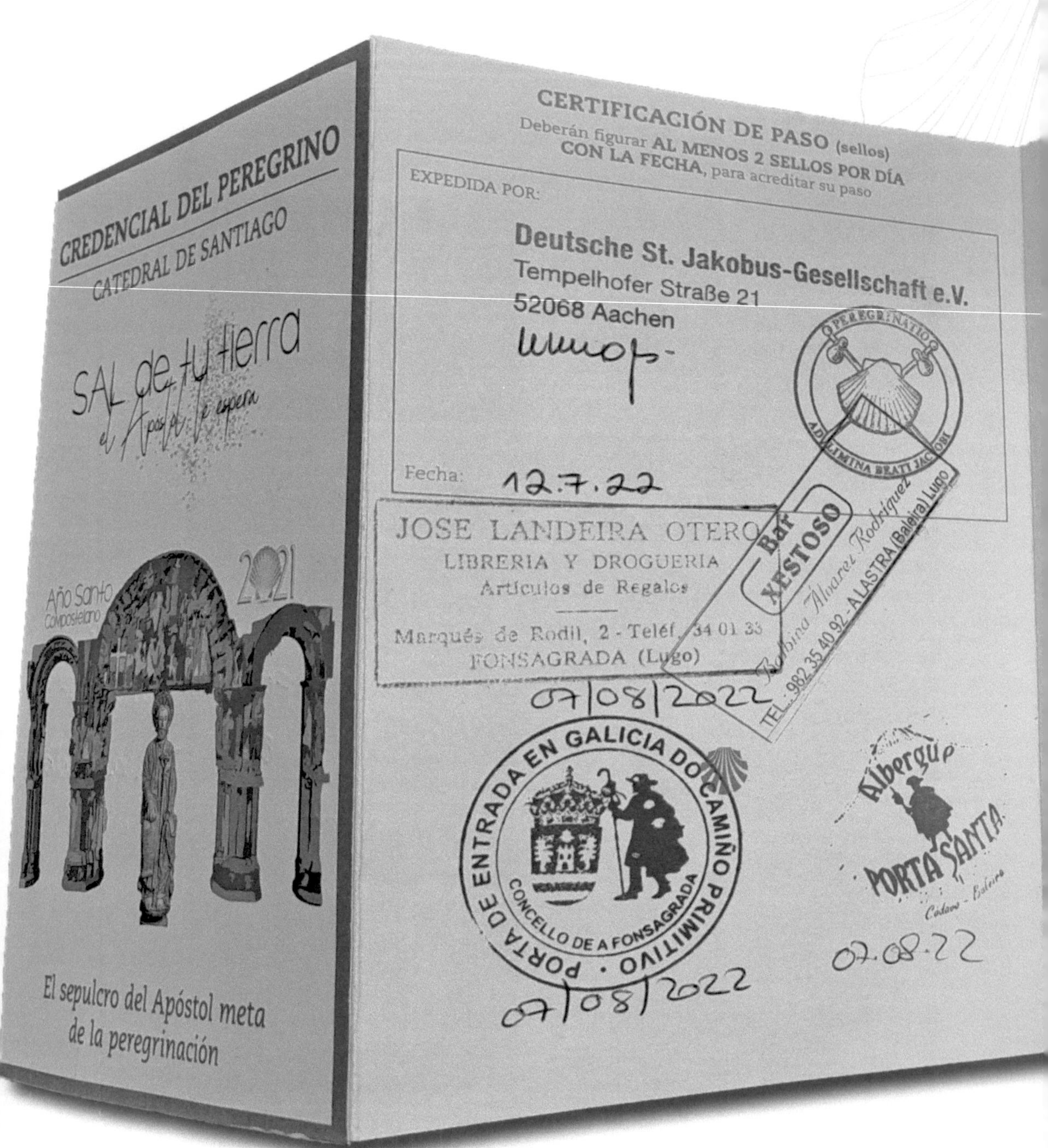

CREDENCIAL DEL PEREGRINO
CATEDRAL DE SANTIAGO
SAL de tu tierra
el Apóstol te espera
Año Santo
Compostelano
2021
El sepulcro del Apóstol meta
de la peregrinación
CERTIFICACIÓN DE PASO (sellos)
Deberán figurar AL MENOS 2 SELLOS POR DÍA
CON LA FECHA, para acreditar su paso
EXPEDIDA POR:
Deutsche St. Jakobus-Gesellschaft e.V.
Tempelhofer Straße 21
52068 Aachen
Fecha: 12.7.22
JOSE LANDEIRA OTERO
LIBRERIA Y DROGUERIA
Artículos de Regalos
Marqués de Rodil, 2 - Teléf. 34 01 33
FONSAGRADA (Lugo)
07/08/2022
Bar
XESTOSO
Balbina Álvarez Rodríguez - ALASTRA (Baleira) Lugo
TEL.: 982 35 40 92
PORTA DE ENTRADA EN GALICIA DO CAMIÑO PRIMITIVO
CONCELLO DE A FONSAGRADA
07/08/2022
Albergue
PORTA SANTA
Cádavo - Baleira
07.08.22

PASSPORT STAMP REQUIREMENTS
have at least TWO STAMPS PER DAY,
DATED to validate your journey
Cafetería Restaurante Antas
08/08/2022
EULALIA
CAFE BAR CUARTEL VELLO
Telf. 37 51 32
Avda. de Lugo, 55
08.08 2022
FRIOL (LUGO)
A DA GALBANA
C.I.F. B27503556
9/8/22
BAR SUSO
ÓN DE ROADE, 6
BRADO DE LOS MONJES
LA CORUÑA
10.8.2022
Camino Arzúa
CERTIFICACIÓN DE PASO (sellos)
Deberán figurar AL MENOS 2 SELLOS POR DÍA
CON LA FECHA, para acreditar su paso
VÍA SACRA
Vía Sacra, S.L. · Sobrado dos Monxes
Tel. 981 45 82 71
10/08/2022
SOBRADO
ALBERGUE DE PEREGRINOS
11/08/2022
ALBERGUE DE BOIMORTO
11/08/2022
HOSTAL - RESTAURANTE
Casa Teodora
ARZÚA
Buen Camino
12/08/2022
Hijas de Santa María de la Providencia
Arzúa (A Coruña)
12/08/2022
pensión Ameneiral
AV. SANTIAGO Nº7
13/08/2022
PASSPORT STAMP
You must have at least TV
DATED to valida
SANTA LUCÍA
13 08 22

Buch 1

2009 erschien das Buch über den Camino Francés unter dem Titel: „Von León nach Santiago" - Begegnungen auf dem Camino Francés.
ISBN 978-3-8391-3740-6

Buch 2

2012 erschien

„Von Porto nach Santiago" - Mit Totti auf dem Portugiesischen Jakobsweg.
ISBN 978-3-8482-3049-5

Buch 3

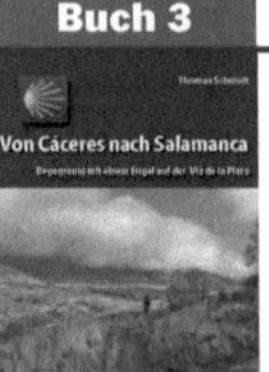

2014 erschien

„Von Cáceres nach Salamanca" - Begenung mit einem Engel auf der Vía de la Plata.
ISBN 978-3-7347-6892-7

Buch 4

2015 erschien

„Von Calzada de Béjar nach Puebla de Sanabria" - Mit Cro auf der Vía de la Plata.
ISBN 978-3-7392-4252-1

Buch 5

2016 erschien

„Von Puebla de Sanabria nach Santiago" - Noch ein Engel auf der Vía de la Plata.
ISBN 978-3-7431-7714-7

Buch 6

2017 erschien

„Von Ferrol nach Santiago" - Hermanos auf dem Camino Inglés
ISBN 978-3-7481-3078-9

Buch 7

2018 erschien

„Von Hondarribia nach Bilbao" - Auf dem Camino del Norte durch das Baskenland.
ISBN 978-3-7481-1743-8

Buch 8

2021 erschien

„Von Porto nach Vigo" - Auf dem Camino Portugues da Costa. Ein Experiment (Teil 1)
ISBN 978-3-7526-4456-2

Der Autor

Dr. med. Thomas Schmidt

Thomas Schmidt, aufgewachsen in Herne, lebt in Bocholt, an der niederländischen Grenze, wo er seit 1993 als Kinder- und Jugendarzt niedergelassen ist.

Camino Primitivo - primitiver Weg?

Weit gefehlt! Die buchstabengetreue Übersetzung führt in die Irre. Das Gegenteil ist der Fall. Dieser Weg verlangt mir einiges an physischer und mentaler Energie ab. Belohnt werde ich durch den Genuss atemberaubender Landschaften sowie die Vertiefung von Beziehungen - jenseits von zufälligen Begegnungen - im ersten Teil zum Fußballkollegen und im zweiten Teil zur Lebenspartnerin. Dazu die beruhigende Erkenntnis: Auch nach über zwölf Jahren Faszination spanischer Jakobswege gibt es neben angenehm Bewährtem auch Neues zu entdecken...

**Im Grunde sind es immer die Verbindungen mit Menschen,
die dem Leben seinen Wert geben ...**

- Wilhelm von Humboldt -